KEYS TO SUCCESS : PERSONAL EFFICIENCY

富比士 效率論

—— 效率之上，成功之下 ——

伯蒂·查爾斯·富比士 著　閻偉萍 譯

富比士的
全方位
成功模式

策略 × 行動 × 反思
生命長短在於效率

成功無捷徑，需踏實每一步
通往成就的不易之路，
無人能為你開啟成功之門

《富比士》
雜誌創始人
教你如何效率地活！

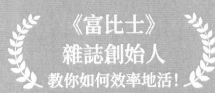

工業領袖、政治家與聖賢的智慧，具影響力人士的真實案例與逸事
不僅是技巧與策略的分享，更是對正確人生觀與價值觀的引導

目錄

目錄

目錄

前言

　　沒有人可以給你一把現成的鑰匙來開啟成功之門，你必須自行配製，自行找出門鎖的密碼組合；沒有魔法師可以把你推向財富與名望的巔峰，你也無法憑藉飛機的雙翼飛向那裡。

　　這條路，通常崎嶇坎坷，必須步行前往。你，必須自行提供動力；你，必須付出足夠的努力。沒有人可以除去你肩上的負擔；你必須自行向上攀登。

　　成功沒有捷徑，你必須腳踏實地，艱辛地一步一腳印，走完全程。

　　透過認真閱讀本書，真誠渴望得到成功且願意付出必要代價的人，會得到動力、幫助、啟發與勇氣，因為書中不僅包含了古老的理念與真理，而且還彙集了現代人生活中最為成功的典範，詳盡而具體地介紹了一些最具影響力的成功人士。書中不僅介紹了這些睿智、成熟的實業家的智慧，而且還列舉了他們如何將智慧應用於實踐的數百個案例，以及許多事業如日中天的成功人士的真實趣聞與逸事。我們都在朝著成功而努力，至少，我們都胸懷大志。很多人都是空有滿腔抱負，但缺乏實際的努力與奮鬥。

前言

　　我並不認為這本書是由我一個人所著。其實，本書的作者是上百位知名的工業領袖、政治家、作家與昔日聖賢。書中的很多素材都直接源自已被公認為業界權威人士的商人。他們真誠希望能夠幫助他人有所長進。

　　雖然沒有電梯能夠直達成功的巔峰，雖然所有人都要自行向上攀登，卻有一條通向成功的正途 —— 也有很多歧途，但歧途永遠無法把攀登者引向所期望的目標。

　　本書旨在：

　　一、把讀者引入正途。

　　二、向讀者預示前方將會遇到的困難，向讀者介紹其他人克服類似困難或更大困難的方法，激勵讀者勇於面對困難並戰勝困難。

　　三、灌輸正確理念，言明哪種特質會取得成功，以便意氣風發的青年才俊能夠及時鑑別真偽，區分金箔與真金，浮華的表象與真實的本質。

　　四、有目的地讓讀者生活的前期、中期與後期都取得令人滿意的快樂結果。

　　透過研究這些事業有成的人士，我得出了一個令人欣慰的結論，並把這個結論寫在了本書的引言部分，希望它能夠引導讀者的行動。這個結論就是：為了培養某種「成功特質」而付出堅持不懈的努力，能夠令其他有益特質的培養變得更加容易。

其實，在追求某種美德的同時，通常還能夠培養出一些具有同等價值的其他美德。

以培養良好的記憶力為例，無常散漫的習慣對於訓練記憶力影響甚大，透過積極、勤勉、認真、虔誠地專注於培養記憶力，很多壞的習慣和有害的行為，就會在不知不覺之中得到改正。

或是以最基本但不常見的禮節為例。如果不是為了避免輕度或重度地冒犯他人（這些冒犯會令很多人感到內疚不已），你就不可能嚴格遵守禮節。禮貌造就了和善、體貼而周到地對待他人 —— 簡而言之，就是無私；可以說，自私自利是很多缺點的根源。

總而言之，與在失敗之路上漫無目的地墮落相比，在攀登成功之山的過程中，雖然會流汗，會弄傷腳趾，卻能夠得到更多真正的快樂。如果選擇了筆直而充滿榮耀的道路，那麼最終也會得到令人滿意的結果。如果因為懶惰、冷漠或是其他可以避免的不良行為，而墜入了失敗的泥沼，那麼你將會一無所獲，徒留愧對自己、家人與朋友的恥辱感與悔恨感。

由於我的成功和聲譽，我已經成功地影響了很多年輕人，我把我成熟的經驗、對人類的了解及其心理應用在日常商務活動之中，很多地方都大膽地把我的這些文章和見解應用到當地學校的實際教學之中，鑑於我的見解和經驗有助於塑造個性，

前 言

能為眾多雄心勃勃的年輕人提供正確的職業指引，於是，我把
它們彙編成書出版。

美國《富比士》雜誌（*Forbes*）

創始人 伯蒂‧查爾斯‧富比士（Bertic Charles Forbes）

第一章
成功取決於你自己

你是自己的締造者。沒有人能夠令你丟臉，只有你自己；沒有人能夠令你榮耀，只有你自己。

▎一、成功取決於你自己

你的成功取決於你自己，

你的幸福取決於你自己。

你必須自行掌舵，

你必須自行累積財富，

你必須自學成才，

你必須獨立思考，

你必須對得起自己的良心。

你的思想是你的，只能為你所用。

你孤身一人來到這個世界上，你也將獨自走向墳墓。

在生與死的這段旅程中，只有內在的思想陪伴著你。

你必須自己做出決定，

你必須為自己的行為承擔後果。

有位著名的醫生常對他的患者說：「除非你自己注意自己的健康，否則，我無法令你健康。」

你可以改變自己的習慣，可以恢復或破壞自己的健康。

你可以吸收物質與精神方面的任何東西。

一位布魯克林的牧師，在一個禮拜天對他的教區居民說道：「我無法把這次聖餐的福佑與裨益賜給你們，你們必須自行享用。聖餐已經擺好了，你們自便吧。」

「也許你們受邀來參加聖宴，桌上擺好了精選的食物，然而，除非你們享用這些食物，把這些食物消化吸收，否則它們毫無益處。因此，這次聖宴的福佑，你們必須自行獲取，我無法灌輸到你們體內。」

在一生當中，你必須自行吸收汲取一切。

也許你有老師教導，但你必須自行吸取知識，老師無法把知識灌輸到你的頭腦之中，只有你能夠控制自己的記憶力與腦細胞。

也許，古老的智慧正擺在你的面前，然而，除非你能自行汲取這些智慧，否則它們對你毫無幫助；沒有人能夠把智慧塞入你的頭腦之中。

只有你能夠移動自己的雙腿，

　　只有你能夠使用自己的雙臂，

　　只有你能夠使用自己的雙手，

　　只有你能夠控制自己的肌肉，

　　你必須用自己的雙腳站立，無論是現實意義上，還是隱喻意義上，

　　你必須自行邁步前進，

　　你的父母無法進入你的肌膚，接管你的身心，幫你成事，

　　你無法為你的孩子戰鬥，他必須自行戰鬥。

　　你必須掌控自己的命運，

　　你必須用自己的雙眼觀察，

　　你必須用自己的雙耳聆聽，

　　你必須掌控自己的才能，

　　你必須解決自己的問題，

　　你必須建構自己的理想，

　　你必須選擇自己的言語，

　　你必須控制自己的舌頭，

　　你的真實生活就是你的想法，

　　你的想法是你自己的產物，

　　你的性格是你自己的傑作。

只有你能夠選擇想要汲取的東西，

只有你能夠拒絕不適合自己的東西，

你是自身性格的締造者。

沒有人能夠令你丟臉，只有你自己；

沒有人能夠令你榮耀，只有你自己；

你必須自己撰寫你的人生，

你必須自行樹立紀念碑 —— 或是挖掘自己的墳墓。

你會怎麼做？

▋二、如何培養成功的特質

「人類與生俱來擁有某種精神力量，且在有生之年應滿足於擁有這些精神力量」這個古老的理論已被現代心理學所推翻。眾所周知，一個人如果手無縛雞之力，可以透過鍛鍊來增強手臂力量；如果打字速度慢，可以透過練習來提升速度；如果記憶力差，可以鍛鍊記憶力。同樣的道理，如果我們所採用的方式方法正確，還可以培養出其他的個人特質，但是，大部分人卻不知如何培養。

其實方法很簡單，我們之所以視若無睹，正是因為它們太簡單了。在生活與工作中，只要專注於特定的個人特質，以特

定的方法加以鍛鍊，每天幾分鐘，或是每週幾分鐘，堅持足夠長的時間即可。我們若不專注於要點（也就是需要加以鍛鍊的地方，以便認清正確的事情），若不持之以恆地堅持數週或數月，那麼我們不會成功。然而，只要我們做到了，那麼毋庸置疑，我們將會取得成功。

我們要想提升個人品德，不應僅僅培養個人的能力，通常還需要有多樣化的輔助方法。例如，我缺乏某種個性，而且難以培養，無論怎麼努力彌補，也趕不上我的天賦 —— 出色的分析與計劃能力。我該怎麼辦？我自然會找個具備某種個性、但分析能力與組織能力不足的人來做我的搭檔，這樣我們兩人就能組成一個無懈可擊的團隊。很多人知道自己的弱點，卻堅持承擔自己力所不及的責任，這樣無疑會失敗。這種人錯就錯在想要做自己無法做到的事情，同樣也錯在因此感到挫敗，卻不去做自己力所能及的事情 —— 即不去做「想辦法彌補自己不足」的事。

三、實現成功的個人分析

對於很多人而言，自我分析並非易事，然而，它卻是分析他人的第一步，這意味著需要掌握一項非常有用的工具 —— 把現代心理學應用到實際生活之中。

　　下面是一張空白的自我檢測表格，第一欄列出了各項特質，請你對應檢查欄中的各項相應特質。

　　在相對應的第二欄勾選出你的強項，也就是你目前經常在社交場合中展現的特質。

　　相對應的第三欄表示你目前具備的個人特質不錯，但在當前的社交場合中沒有機會展現。

　　相對應的第四欄表示你不確定的個人特質。

　　在雙畫線之後，我們將會檢測屬於你弱點的特質。雙畫線後的第一欄表示極度不足的特質，而該特質需要在當前或日後的社交場合中使用。

　　雙畫線之後的第二欄表示雖然該特質是你的弱點，但在當前或日後的商務活動中無關緊要。

　　第三欄表示你懷疑是弱點但還不確定的特質。

　　在之前的檢測完畢之後，進入三畫線之後的三個欄，這三欄表示檢測結果 —— 第一欄表示你確信自身還不錯的特質，或是改進之後，令你感到滿意的特質；第二欄表示你仍在改進的特質；第三欄表示你已經找到需要改進的特質。每種個人特質都對應著下面三個表格的其中一項。

	強項	未使用	不確定	極度不足	弱點，但無關緊要	懷疑是弱點但不確定	滿意	改進中	需補足
思考									
自學									
理想									
工作能力									
節儉									
機會									
克己									
堅韌									
樂觀									
團隊合作									

禮貌								
主動								
創新								
誠信								
健康								
言談								
熱情								
榮譽感								
意志力								
自尊								
判斷力								
朋友								

勇氣								
自立								
服務精神								
忠誠								
記憶力								
休閒娛樂								
個性基礎								

第二章
成功的基礎是思考搭配行動

　　居於高位的人，不是那些從不思考的人，而是那些懂得思考，並且能把思想付諸實踐的人。

▍一、思考是發展之母

　　伍爾沃斯大樓曾經只是個構想。而這個成功的例子，有如幾千年前一位埃及法老突發奇想，結果自那以後的一代代人都目睹了這個想法的實現 —— 金字塔。

　　思考是發展之母，思考創造了一切，萬物都源自於思考。這種力量 —— 思考的力量將人類與其他動物區分開來。

　　在這個世界上，不朽之人就是那些思考得較之同伴更加深遠、更加絕妙的人。

　　最近，我曾向美國最有名的國際銀行家之一奧托‧H‧卡恩（Otto Hermann Kahn）討教，年輕人要想取得成功，最重要的是什麼？

　　他有力地回答說：「思考！」

　　哈里曼（Edward Harriman）喜歡搞「突擊檢查」，他很高興

看到一個管理者躺在椅子上，雙腳翹在桌子上。「我知道此時他是在思考問題。」這位鐵路奇才說道。

菸草大亨詹姆斯・B・杜克（James Buchanan Duke），在某種程度上，把他的崛起歸功於年輕時湧現的一個想法。他問自己：「我為什麼不模仿石油大亨約翰・D・洛克斐勒（John Davison Rockefeller）的做法，在菸草行業大展宏圖？」他對我說：「從那時起，我便開始行動了。」注意這句話：「我開始行動了。」

亨利・福特（Henry Ford）說：「我建議商人們要多讀、多想、多做。我就是這樣起家的。我一直在思考，現在仍在思考。分析的習慣、透過表象看實質的能力，能夠賦予人們很大的優勢，使其戰勝沒有照做的競爭對手。」

亨利・L・達赫蒂（Henry Latham Doherty）曾在一次由某機構創辦的引人注目的工程課上受到了深刻的啟發：「孩子們，你們知道，我們總是學得太多，想得太少，我們要培養思考的能力，要不斷地思考。很多人飽讀詩書，卻不知道該如何活用。」

正如人類社會的單位並不僅是一個男人或一個女人，而是一個男人加一個女人，因此，成功的基礎並不僅是思考或行動，而是思考加上行動。

很多人都希望成為一個發明家但都沒有取得成功，大多是因為對這一點過於鬆懈，他們才都無法取得成就。他們在湧現出一個絕妙的想法後，沒有立即採取行動，也沒有堅持行

動 —— 換句話說，無法透過實踐深化想法，並從發展與實踐應用中獲利。

愛迪生（Thomas Edison）既思考又行動，正因如此，他才技壓群雄，成為歷史上最成功的發明家。在他的重要發明之中，只有留聲機是首次實驗就成功；有些發明實驗了數千次，其中一項甚至實驗了五萬次！

曾經，世界上最偉大的雕塑只是個想法而已，後來，該想法實踐在堅硬的大理石巨礫上，最終成就了不朽的「米洛的維納斯」（Vénus de Milo）。

擁有 30 萬名雇員、20 億美元資產的美國鋼鐵公司，曾經也只是個想法而已，這個想法的持有者是一個名為查爾斯‧M‧施瓦布（Charles Michael Schwab）施瓦布的年輕人，他不僅醞釀了這個想法，而且還採取行動，把這個想法付諸實踐。

居於高位的不會是那些不善於思考的人，而是那些善於思考並能把思想付諸實踐的人。

基秦拿伯爵（Horatio Herbert Kitchener, 1st Earl Kitchener）曾經構想建立一個由 300 萬人組成的軍隊，而當時的英國甚至從未有過超出 50 萬人的軍隊，後來他的構想拯救了英國和法國。

隨著人類文明的進步，思考對於成功而言將會日益重要。事實上，有些任務不需仰賴人類思考，那是因為由機器主導的時代正在來臨。

為了超越機器，人類必須開發思考的力量。成為善於思考的人，學會提出實用而有價值的想法與主意，這樣一來，即使是由一千個愛迪生發明的機器也無法替代你。

無論對於國家還是個人，經驗法則不再足夠，必須透過思考產生新的模式，必須努力、認真、持續、保持頭腦清晰地思考。

幾個世紀以來，人類一直在找尋點金石。你可以找到點金石 —— 它就在你的思想之中。

是什麼使我們真正實現了跨洋通話？重點真的是線路存在與否嗎？是什麼使我們擁有了令人驚嘆的天文科學？是什麼使我們擁有了秤量地球的裝置？是什麼帶來了讓人類能夠像雄鷹一樣翱翔的機器？

想法 —— 思考。

當和平來臨，在善於思考的人面前將會有大好機會展現！老式的經濟體系、工業體系與金融體系正在世界戰爭的重壓之下嘎吱作響。

誰將會推出更新更好的體系？誰將會引領建設的新秩序？是善於思考的人，是鍛鍊並培養思考能力的人，是思考、思考、再思考的人，是已經開拓出新想法並找到了點金石的人。

明日戰爭的勝利者將會是那些能夠駕馭思想與行動的人。從辦公室職員到政治家，成功將會屬於那些有效開發大腦，深

刻、認真、努力思考的人，善於思考的人。

除非你付諸全力，時刻高於機械所能做到的水準，否則與從前相比，未來的人將會更加難以取得成功，因為那時的機器能夠全面完成人類的工作。

有句老話說：「人類是自身所有想法的集合。」一個人的真正價值在於品格、價值、想法與思想。真正的財富是內在擁有的財富。如果不經過努力，不勤於動腦，不辛勤刻苦，那麼思想的財富將無法聚集，無法獲取。

如果成功的鑰匙主要有兩把 —— 思考與行動，那第一把就是：思考！

二、如何培養思考能力

做大事的人一定是會思考的人。你也是其中之一嗎？你是否系統性地培養過思考的習慣？請坦誠地面對自己 —— 絕對的坦誠，而不是自欺欺人。

如果你想要學習有效思考，首先你必須至少獨處半個小時 —— 要獨自一人，杜絕打擾。因為集結成群的人們無法靜心思考。人們一旦集結成群，就會受控於動物的本能，這種本能與思考時嚴格要求孤身一人的原則相悖，思考的人必須獨處。

　　有人在早上頭腦清晰，有人在晚上頭腦清晰。你是屬於哪種類型？

　　先確認好這點。如果你是一位早起的人，並且喜歡在早餐前出外散步半小時，當你走入鄉村、進入森林或是來到湖邊，那麼你便擁有了一個理想的思考環境。

　　B‧C‧富比士（Bertie Charles Forbes）最喜歡在早晨思考，然而由於受條件所限，他無法如自己所願那樣擁有一個走進森林之中的思考環境。所以他一般會比別人早起至少一個小時，並繞著房屋散步。長久以來，他在日復一日的晨間散步中，思考著當天的事情。妻子說她怎麼也搞不明白他盥洗為什麼會用這麼長的時間——當然，她不知道他是在思考。

　　如果你是老闆，或許你可以說「我今天下午不回來了」，然後去公園或鄉村度過一個充實的下午來用於思考。如果你是雇員，那麼我建議你直接去找你的老闆，坦率地告訴他，你需要獨自一人思考一些事情，看看是否能夠擁有一個不受外界打擾的小空間，把自己關在裡面，花至少一個小時的時間來用於思考。

　　然而，你應該思考什麼呢？

　　當然是目前你生命中最重要的事情。不過，無論你開始思考什麼，一定要有始有終，直到你得出令自己滿意的正確結論，或者得出謎題的正解，或是一些解題步驟。

現在，拿出紙和筆，先把你認為應當思考並做出決定的幾件事情寫下來。

然後按照輕重緩急，為這些事情編上序號，首先是當前最重要的事情，或是最大、最要緊的事情；其次是緊隨其後的事情，以此類推。

你認為思考列表上的第一個問題，並得出結論需要多長時間？

看看自己是否能夠按計畫完成任務，並繼續攻克下一個問題。

你要如何檢驗自己的思考結果？

當然是集結朋友「開會」或是組織一個「專家組」，就好像公司的董事會一般。

當然，你必須列出你的思考大綱，並把這份大綱拿給判斷力最好的人。詢問朋友這份大綱有何優異之處。然後，再把這份大綱拿給另一位朋友。如果有兩三個人認同你，那麼你很可能得出了正確的結論。

直接把同一個需要思考的任務分派給兩三個人，是不會有結果的。應該是一人思考，然後由小組成員分析思考結果。小組成員通常會向負責思考者提出回饋，使其能夠不斷地深入思考。你必須做好多次反覆思考的準備。這是一種科學的方法 —— 思考、檢測、再思考，這樣逐步地向真理靠近。

這是你的思考習慣嗎？

你正在訓練自己成為善於思考的人嗎？

有什麼不馬上開始的理由嗎？

沒有？那麼開始吧！

第三章
教育是通向成功的「原型鑰匙」

教育對頭腦的作用就好比食物對身體的作用，頭腦得不到新鮮的知識供給，就好比身體得不到新鮮的食物，將會無法維繫身體健康並蓬勃地發展。

一、教育能夠培養出能力，而能力則意味著優勢

教育不僅是通向成功的「其中一把」鑰匙，而且是通向成功的「原型鑰匙」。

沒有受過教育的人、沒有文化涵養的人算不上真正的成功，因為真正的成功不是由金錢構成的，而是由心智構成的；成功是內在的事情，而非外在的事情。

教育既是邁向終點的手段，又是終點。

如果不接受教育，沒有人能抵達成功的頂峰。

然而，教育並不只是由學校學來的知識組成的。

教育是我們所知所學的總和。

我們的教育源自於 —— 或者說應該源自於 —— 我們的日

常生活經驗。

與其說教育是汗水與努力，不如說教育就是觀察。

書籍建構了教育的基礎。如果沒有正確的引導、刻苦的閱讀，那麼幾乎沒有人能有希望成為有文化、有知識的人。

然而，並非所有的智慧都包含在書中。

我們可以從形形色色的日常生活中學習，從男女老幼的身上學習，從周圍發生的事情中學習，從所見所聞中學習。

自學可以成為最好的習慣之一，自學無疑是所有習慣中最能令人獲益的。

教育 —— 知識 —— 意味著力量。教育能夠培養出能力，而能力則意味著優勢。

紀錄顯示：我們所介紹的一半成功人士都沒有接受過大學教育，其中有很多人甚至沒有完成基礎教育課程。

安德魯・卡內基（Andrew Carnegie）在 10 歲時就退學了；麻薩諸塞州第 42 任州長兼全球最大的皮鞋製造商 —— 威廉・L・道格拉斯（William Lewis Douglas），幾乎沒有接受過學校教育。

太平洋海岸的名人羅伯特・杜勒（Robert Dollar）是木料大王並擁有一個汽輪公司，他在 12 歲就退學了，並被流放到遠離人類文明的偏遠的加拿大木料場。在那裡他曾一度無法閱讀或

寫作；但如今，他卻成為有名的公共演說家，也是知名著作《回憶錄》（*Memoirs Of Robert Dollar*）的作者。

菸草大亨詹姆斯・B・杜克的學齡很短；愛迪生大約在 7 歲時就被學校開除了，原因是老師認為他太笨了，不適合學習！

柯達創始人喬治・伊士曼（George Eastman）、全球最大的硬體商 E・C・西蒙斯、亨利・福特、全球最大的零售商 F・W・伍爾沃斯（Frank Winfield Woolworth）、煤炭與鋼鐵巨擘亨利・C・弗里克（Henry Clay Frick）、馬歇爾・菲爾德公司董事長約翰・G・謝德（John Graves Shedd）、史上最大的工業組織——美國鋼鐵公司首腦詹姆斯・A・法雷爾（James Augustine Farrell）、著名肉品包裝商人托馬斯・E・威爾遜（Thomas Edward Wilson）——這些人還包括其他很多的成功人士，所受過的學校教育也都很有限。然而，其中大部分人都成為有文化、學識廣博、心智卓越、觀察敏銳、判斷準確並通曉人類本性與商業的人。

安德魯・卡內基甚至在畢業之後，還請了一位家庭教師前往第五大道的宅第為自己授課。

結合《華爾街日報》（*The Wall Street Journal*）刊載的一系列討論有關教育主題並介紹「行業領袖特點」的文章，我注意到：「無論一個人在年幼時所接受的學校教育多麼貧乏，如果他無法成為有文化內涵、學識廣博、判斷準確的人，無法成為後天的

自學者，那麼他也很難成為行業領袖。大部分金融領袖與商務領袖都會努力鑽研歷史，尤其是世界上最為有名的成功人士的傳記。」（我發現拿破崙是他們最喜歡的學習榜樣。）

即便是最為繁忙的金融家與行業領袖，也會抽時間博覽群書。其中有些人，包括金融家奧托・H・卡恩與行業領袖丹尼爾・古根海姆（Daniel Guggenheim），都有在每晚睡覺之前，閱讀至少一個小時的鐵定原則，無論多晚都雷打不動。

就在前幾天，我碰到了巴爾的摩與俄亥俄鐵路公司的丹尼爾・威拉德（Daniel Willard），他剛換完班，在那段西行的路上，我發現這位鼎鼎大名的鐵路大亨正在動力車廂內研讀一本高深的法文書──為了防止火車引擎凍結，他每晚起來兩三次，加木材生火，所以要整晚都睡在動力車的車廂內。

國家城市銀行行長法蘭克・A・范德利普（Frank Arthur Vanderlip）有一套針對年輕人的教育理論而受很多有名的成功人士所推崇。范德利普先生說：「年輕人每天除了要完成辦公桌上的工作之外，還要再擠出一點時間，研究自己所從事的工作或專業領域，以便能夠更容易理解自己所做的一切的意義，這樣做的原因和理由，以及潛藏的規則，從而武裝自己，昇華到新的高度」。

在父母供養之下完成大學學業的美國年輕人，很少能夠爬到金字塔的頂端，對此我感到大惑不解。也許我應該說，站在

金字塔頂端的很多人都是自食其力地唸完了大學。俗話說：「沒有付出，就沒有回報。」這一真理同樣適用於大學教育。那些辛勤努力、自食其力支付學費的學子們能夠從中獲得最大的收益。他們聰明睿智，能夠最大限度地利用各種機會，同時，這也養成了他們勤儉的習慣。

紐約人壽保險公司總裁達爾文‧P‧金斯利（Darwin Pearl Kingsley）利用 165 美元完成了整個大學學業，他的學費是透過幫學校敲鐘賺來的。他曾對我說：「這個經驗使我深刻理解了守時的重要性，我可以肯定地說，在我的有生之年，我從未遲到過。」范德利普用了 205 美元完成了他的大學學業，他的生活非常節儉。

然而，正如之前一再說明的那樣，大學教育並不是取得巨大的商業成功所必需的。你是否認真思考過：在美國取得了巨大商業成就的人，幾乎都沒有大學畢業？

約翰‧D‧洛克斐勒甚至連高中都沒有畢業；哈里曼與詹姆斯‧J‧希爾（James Jerome Hill）既不是文學學士，也不是文學碩士。當今的美國銀行家喬治‧F‧貝克（George Fisher Baker）也沒有唸過大學。我想約翰‧D‧洛克斐勒的所有合作夥伴，包括即將接管貝德福德標準石油公司的首席繼承人，也無一是大學畢業。

不過，我要重申的是，我所見過的每一位成功人士無論年

輕時所受的教育多寡，都有一個明顯的特徵，即他們不會懶散地虛度人生，不會眼不見、耳不聞，而是不斷地磨練自己的心智，想要發揮最大的潛能。

對於年輕人而言，最重要的是：首先認清教育的價值；而後，努力、主動、不斷地培養自學習慣。

教育對頭腦的作用就好比食物對身體的作用一樣，如果頭腦得不到新鮮的知識供給，就好比身體得不到新鮮的食物供給一樣，將會無法維繫身體健康並蓬勃地發展。

思考能力可以被訓練得如同磁鐵那樣，吸引真鐵，忽略渣滓。

必須鍛鍊思想吸收實用而有價值的資訊，忽略無用的訊息。

教育其實就是一種選擇 —— 選擇我們感興趣的東西，選擇如何分配時間，選擇可以增加知識、智慧與力量的東西，或是相反的東西。

當今的競爭如此激烈，只有見多識廣的人才有機會脫穎而出。

任何公司、任何機構都不會僱用不學無術的人來負責重要的工作。

「安迪這個年輕人，對工廠的了解不次於我。」年輕的查爾斯‧施瓦布就是這樣被老闆的一句話介紹給安德魯‧卡內基，就這樣施瓦布開始了步步高昇 —— 憑藉他的知識，憑藉他對鋼材生產相關知識的學習。

年輕人不要因為自己所受的學校教育貧乏而感到沮喪。我認識一位女士，她在近 70 歲時才開始學習希臘語，她之所以學習希臘文，是為了能夠閱讀原版的《新約聖經》（*The New Covenant*）。

改變粗心、懶散的習慣，轉而刻苦學習，這一過程需要付出努力，需要嚴格的自律，需要痛苦的克己。然而，不久之後好習慣帶來的歡娛將會不可限量，徹底勝過壞習慣帶來的表象歡娛。

當如今的成功人士還年輕的時候，自學條件十分落後。今天，不僅條件齊全，而且還有各方面的便利。當你翻開雜誌或報紙的時候，一定會看到各式各樣的教育課程廣告。

也許，最有幫助、最實用的課程是由知名函授學校或學院推薦的課程，正如有些一流學府所宣稱的那樣。

例如，有所不錯的學院推出了一個商務課程，據我所知，該課程令數千位年輕人以及雄心勃勃的中年商人與管理層人士受益匪淺。此外，還有法律課程 —— 值得注意的是很多人發現學習法律知識，對於幫助他們應對日常生活中的問題大有幫助。當然還有會計類的課程 —— 很多人正是因為懂得記帳的基本原則而獲得提升的。如果明智地選擇了英文課程，也會物有所值。簡而言之，對於一般的美國年輕人而言，只要他們有學習的意願，那麼任何自學需求都是可以得到滿足的。

自學主要包括閱讀、觀察、交談與反思。

　　湯瑪斯‧利普頓爵士（Thomas Lipton）說：「知識是一種複合體，是我們從書中獲取的精華；是我們透過觀察，從周圍世界吸取的精華。這兩樣都是學識廣博者所必需的。在兩者當中，顯然是後者更為符合生活的實用性目的。只有能夠把書中內容與觀察生活緊密結合的人，才無愧於學識淵博的名號，才是我們學習的榜樣。」

　　誠然，在很多家庭中，安靜讀書、學習與反思的條件還達不到理想的狀態。然而，只要處在這種惡劣環境中的年輕人願意，他們可以想辦法克服困難，比如，去公共圖書館，讀夜校，加入相應的俱樂部，或是與家庭環境同樣不濟的朋友結伴學習，有志者事竟成。

　　透過比一般人更加努力地學習，透過讓思想專注於有用的主題，你不僅能夠獲得更加豐厚的經濟回報，不僅能夠登上高位，擁有更大的權力與影響力，還能為自己累積財富——「既不會被蟲子咬壞，也不會生鏽腐蝕的財富」。這些財富在你日後的生活中，將會變成無價之寶，當一個人無法滿足於金錢可以買到的東西時，就必須從內在找尋歡娛、滿足與快樂，而不是從外在的生活中找尋。

　　人老之後，百萬金錢毫無用處；只有思想能夠產生巨大的價值。《富比士雜誌》的箴言是「在你得到一切的同時，也會得到感悟」。自學將會使你得到更多東西，也會得到「感悟」。

▎二、如何計劃並開展自學課程

　　自學的主要方法是分類閱讀。有些人在每天談生意的往來旅途中會耗費一兩個小時的時間進行分類閱讀，這是他們的大好機會，他們能夠很快適應人群嘈雜的環境，完全忘卻自我。我們現在就來設計一個有趣的閱讀計畫。

　　傳記。在傳記之中，所有人都應讀一下 ——《林肯傳》（*The Unknown Lincoln*）、《華盛頓傳》（*His Excellency: George Washington*）、《富蘭克林傳》（*The Autobiography of Benjamin Franklin*）、《愛迪生傳》（*Edison*）、《拿破崙傳》（*Napoleon*）、《亞歷山大大帝傳》（*Alexander The Great*），以此作為閱讀的起點。《美國締造者》（*An American Bible*）刊載了短小精悍但引人入勝的五十位金融業領軍人的傳記。在這些傳記中，你已經讀過了哪些本？接下來你打算讀哪一本？

　　科技。廷得耳（John Tyndall）、赫胥黎（Aldous Huxley）、史賓賽（Herbert Spencer）的著作，以及簡單的《科技啟蒙系列 —— 化學、物理學、生物學、衛生保健學、植物學、地理學、礦物學、經濟學、社會學以及現代心理學。在這些領域之中，你了解哪些知識？你打算選擇從哪個學科入手？雖然你不能非常深入地了解這些科學，但至少應該略有所知，你將會從中汲取現代科學方法的理念，而這些方法理念正是應該用於一

切商務問題學習的方法。

歷史。你是否泛讀過美國歷史——超越了淺薄的學校課程的歷史？我推薦《美國政治家》(*American Statesman*) 系列。由卡爾·舒爾茨 (Carl Schurz) 所著的《亨利·克萊的一生》(*Life of Henry Clay*) 介紹了內戰之前的五十年時間，這是一本非常好的著作。再比如帕克曼 (Francis Parkman) 的《奧勒岡之路》(*The Oregon Trail: Sketches of Prairie and Rocky Mountain Life*)，介紹了西北的開放歷程。莫特利 (John Motley) 的《荷蘭共和國的崛起》(*The Rise of the Dutch Republic*) 對歐洲進行了很有趣的研究，美國人對此也將會特別感興趣。所有美國人都應該熟悉普雷史考特 (William Prescott) 的美式浪漫史《皮薩羅》(*The Conquest Of Peru Francisco Pizarro*)，以及其他的墨西哥史與秘魯史。本書的彙編作者非常喜歡 J·A·賽門斯 (John Addington Symonds) 的《義大利復興史》(*A Short History of the Renaissance in Italy*)。說到通史，基佐 (François Guizot) 的《文明史》(*Histoire générale de la civilisation en Europe*) 很不錯。說到英國歷史，格麟 (John Green) 的《英國人民簡史》(*A Short History of the English People*) 是一本經典之作。在這些著作之中，你已經讀過了哪些？你打算選擇從哪本著作入手？

文學。你是否讀過莎士比亞 (William Shakespeare) 的《威尼斯商人》(*The Merchant of Venice*)、《哈姆雷特》(*Hamlet*)、《凱撒

大帝》(*The Tragedy of Julius Caesar*)、《暴風雨》(*The Tempest*)、《馴悍記》(*The Taming of the Shrew*)、《無事生非》(*Much Ado About Nothing*)、《仲夏夜之夢》(*A Midsummer Night's Dream*)、《奧賽羅》(*Othello: The Moor of Venice*)、《李爾王》(*King Lear*)？你是否讀過幾大小說名著──司各特(Walter Scott)的《撒克遜英雄傳》(*Ivanhoe*)；狄更斯(Charles Dickens)的《塊肉餘生錄》(*David Copperfield*)、《匹克威克外傳》(*The Pickwick Papers*)、《雙城記》(*A Tale of Two Cities*)；薩克萊(William Thackeray)的《浮華世界》(*Vanity Fair*)；雨果(Victor Hugo)的《悲慘世界》(*Les Misérables*)；大仲馬(Alexandre Dumas)的《三劍客》(*Les Trois Mousquetaires*)；巴爾札克(Honoré de Balzac)的《鄉村醫生》(*Le Médecin de Campagne*)、《塞查‧皮羅托盛衰記》(*César Birotteau*)、《歐也妮‧葛朗台》(*Eugénie Grandet*)；美國作家有：愛倫‧坡(Edgar Allan Poe)的中篇小說《金甲蟲》(*The Gold-Bug*)、〈失竊的信〉(*The Purloined Letter*)、〈莫爾格街凶殺案〉(*The Murders in the Rue Morgue*)；霍桑(Nathaniel Hawthorne)的《故事重述》(*Twice-Told Tales*)、《古宅青苔》(*Mosses from an Old Manse*)、《紅字》(*The Scarlet Letter: A Romance*)；庫珀(James Cooper)的《最後一個莫希根人》(*The Last of the Mohicans*)、《獵鹿人》(*The Deerslayer*)、《大草原》(*The Prairie*)；歐文(Washington Irving)的傑作《見聞札記》(*A Sketch Book*)與《阿爾罕布拉故事集》(*Tales of the Alhambra*)。愛好詩歌的人，也可以閱讀詩

歌。在這些著作之中，你已經讀過了哪些本？你接下來打算讀哪一本？現在就做決定。

基礎教育。拼寫、標點、文法與用語是你的弱點嗎？數學呢？地理呢？如果條件允許，你可以去學一些基礎的函授課程，也可以找私人教師輔導。由始至終，都要以實踐的方式去學習，透過一遍遍地重複練習，糾正壞習慣，直到正確掌握為止。對於以上問題，光靠閱讀是不夠的，只有透過實踐練習，才能糾正壞習慣。大部分學校課程都很淺顯，你可以去找一位好老師深入學習。對於以上這些問題，你打算從何著手？現在就做出決定。

技術教育。最後，你需要學習自身行業的相關技術。有個現象很奇怪，很多人都不了解自身行業的最新發展情況，為了了解情況，你首先可以去圖書館找一些好的技術類書籍——可以聽取圖書管理員的建議，也可以從技術學院的優秀教授那裡獲取建議，來選取緊跟時代的書籍。你是否已經讀過一本近期的技術相關書籍？如果你讀過一本，就會接二連三地讀很多本。也可以再來看看有什麼可供你選擇的技術夜校。如果你對行業毫無所知，可以選讀一些不錯的技術類函授課程。

雖然這個大綱非常籠統，卻能夠令你檢視自己當前的實際教育情況，讓你明白自己的薄弱之處。補救的最好做法是每天至少系統性地學習一個小時。幾年之後，你將會詫異於自己心智的發展與學識的增加。

第四章
成功的商業理念必須有理想的光環

要想成為真正偉大的行動派，你必須先成為理想家，必須先找到前方閃亮的指路明燈，找到堅實的理想，並朝著理想堅韌、勇敢、穩步地前進。

一、理想是人類所知的最強大的力量

理想是人類所知的最強大的力量。

理想比舉著旗幟的軍隊更為強大。

理想可以創造軍隊，創造出比凱撒（Cæsar）軍更加強大的軍隊，以及他旗下的所有貴族將領，正如美國現在向世界所宣稱的那樣。

一件事物，唯有一件事物，能夠強大到足以讓美國走出長期的和平，陷入戰火之中——理想主義，理想。

美國的每一場戰爭都因為理想而爆發，通常是追求自由的理想。

這種理想引發了 1776 年的戰爭與 1861 年的戰爭：一場戰爭是人民為了自身的自由而戰，另一場戰爭則是為了種族自由

而戰。西班牙戰爭為新世界的人民帶來了自由，推翻了一直壓迫著他們的腐敗的舊世界勢力。

這次世界大戰是怎樣的戰爭？是追求理想的戰爭，是追求自由的戰爭，不僅僅是一個人的自由，一個種族的自由、一個民族的自由，而是全人類的自由，甚至還包括我們如今的敵人。

美國開始意識到，普魯士軍國主義的勝利意味著對理想的放逐，意味著專制野蠻強權的復辟，意味著聯軍所珍惜的一切，所代表的一切，流血、戰爭所保衛的一切，以及一切的一切都將付之東流。不要忘記德國皇帝曾怨毒地向大使傑勒德（James Gerard）公然宣稱，一旦他征服歐洲，他將會把美國踐踏在他的鐵蹄之下。

普魯士的理想是強權，「強大的劍」是獨裁政治。

美國的理想是權利、自由與民主。

由於我們的理想衍生於正義，因此，它必然會取得勝利。

隨著偉大理想的墮落，國家的偉大亦不會長久。

國家如此，個人也是如此。

低劣的理想與崇高的地位永遠無法長久共存。

在政務界、金融界、工業界、商業界中，從未見過，也從未要求過，像今天這樣崇高的理想。

如今，取得巨大成功的商業理念必須展現並滲透著理想。

「＄」標誌不再是「至高無上」的。賺錢與服務分不開，應該說賺錢與服務密切相關。

商行、機構、公司、企業所擁有的最高理想是被公認為當今業界最為成功的典範。

高管也一樣：那些炙手可熱的高管，那些對薪資待遇要求很高的高管，都是讓大眾留下了深刻印象的人，他們公正、嚴明、有個性。

我們已經屏棄了很多拙劣的老式行為，貪汙腐敗的立法者收回扣行為、墮落買家的「收買基金」、「搞定」法官、非法的惡性競爭等 —— 這些祕密的地下、不法行為，已經不再流行、不再允許、不再輕饒。

如今，那些教授企業如何鑽法律漏洞的律師，已經沒有什麼油水可撈了。只有教授企業如何奉公守法才能得到更多的報酬。

在商界，光靠聰明才智是行不通的。那些有想法的人，如果無法做到想法與理想相一致，也是不受歡迎的。

理想與「行為」應當表裡如一。

我們所有人必須有理想，除非我們滿足於隨波逐流、沒有抱負、沒有效能的狀態。要激發理想，就要讓理想充滿活力。

我們必須明確前方的理想，然後向著理想奮發前進，就如同船長一般掌舵靠岸。

　　沒有理想，就好比航行時沒有航海圖，就好比行走在未知的、沒有護欄的道路上，我們總是處在迷路或跌倒的險境之中。

　　理想能夠照亮生命的旅程。理想就如同「指路的明燈」一般。

　　沒有理想的生活就如同沒有星星的黑暗天空一般。

　　理想對我們而言，就像「白天的雲柱與黑夜的火柱」，可以引導我們前往希望的港灣，就如同雲柱與火柱引導摩西走向了應許之地。

　　理想可以讓我們蒸蒸日上。生命中的理想就如同輪胎中的空氣、飛船的燃料、飛機的翅膀。

　　理想使我們能夠把碎屑從貴金屬中分離出來，把雜質從鑽石中分離出來。

　　沒有理想的人就像沒有主發條的鐘錶。

　　有理想的人，無論付出多大代價也不放棄或玷汙理想的人，他的內心、精神與靈魂永遠都不會感到貧窮，永遠都不會感到枯竭。他會洋溢著富足感，而那些為富不仁的大富豪，無論賺取了多少錢，都無法得到這種富足感。

　　你也許多次讀到過：在聯盟前線陣亡的人們的臉上，總是閃耀著平靜與滿足的光輝，這種光輝遠勝於一抹微笑 —— 正如一個通訊員所描述的那樣，這是「一種無上的榮耀」。這說明我們的士兵與我們的聯盟士兵具有崇高的精神，他們正在為光榮

而戰，為光榮而亡。耶穌基督也是因為同樣的理想，獻出了自己的生命，這種精神在生活、戰鬥與死亡的過程中，一直激勵著他們，難道不是這樣嗎？

是什麼使伍德羅・威爾遜（Thomas Woodrow Wilson）遠勝於其他政治家？是什麼使他贏得了世界上每一個自由民族的感激與尊敬？

並不是因為他做出了抗擊德國的決定。並不是因為他在就任美國海陸軍總司令時所取得的成績，儘管他確實取得了傲人的戰績。不，不是因為這個，不是因為這些。

伍德羅・威爾遜之所以成了人們所尊敬的偉人，是因為他比其他政治家更為優秀，因為他說出了聯盟國家為之而戰的理想。

理想家威爾遜要比總統威爾遜偉大得多。

他的言論，他的話語，具有集結軍力的力量。聯盟軍力被快速集結、強化，任何武器裝備都無法達到這種效果；與此同時，這些言論也挫敗、弱化、瓦解了敵軍的士氣，任何大砲、步槍或戰鬥機都無法達到這種效果。

理想不是空想、虛幻、不切實際的東西。

理想家不是無所事事的夢想家。

其實，要想成為真正偉大的行動派，必須先成為理想家，必須先找到前方閃亮的指路明星，找到堅實的理想，並朝著理

想堅韌、勇敢、穩步地前進。

　　與昨天的世界相比，在明天的世界中，理想的作用將會更為重要，更為關鍵，更為實際。

　　開戰是為了追求理想。

　　和平將會使這些理想實現。

　　國家的理想是個人理想的展現，是個人理想的綜合展現。

　　你會幫助聯邦建立什麼標準？這個標準同時也是其他國家應該設立的標準。

　　你們的理想與你們所追尋的那些偉人的理想一致嗎？我們付出的代價值得嗎？

二、如何培養崇高的理想

　　有理想的人與缺乏理想的人的區別在於：有些人透過自己的所見、所知與雙手能夠觸及的東西來引導生活；有些人充滿了夢想，透過還未成真的夢想，或是永遠無法成真的夢想來引導生活。這種區別還在於：有些人把自己的心智禁錮在四面牆之中；有些人站在造物主創造的無邊無際的天空下，眺望著遠方的地平線 —— 同樣的，有些人的眼睛從未離開過身邊的物質世界；也有些人總是能看到視力範圍之外，即使他知道自己永

遠無法抵達自己隱約見到的遙遠國度。

你看到的是什麼 —— 手中的美元與金錢，還是內心的地平線？也可以換一種表達方式：你的雙眼能夠看得多高？如果你在行走的時候，總是向下看，那麼你只能看到腳下的大地，你毫無理想。如果你習慣於注視著內心的地平線，也就是你所能看到的最遠處，那麼你會不時地瞥一眼天空，你正在被理想引導著。從來不看地平線 —— 天地交接的地方，總是凝望天空的人，是夢想家 —— 他的目標虛無飄渺。總是凝望地平線的人，心懷美國人應有的正常的神祕主義色彩，會過著包容整個世界的寬廣而博大的生活。他會把自己看作是宇宙的一部分，他會扮演好自己的公民角色，會對偉大美國聯邦的所有人負責，乃至對其他與美國交好的國家的人民負責。隨著世界大戰的爆發，美國大大拓展了自己內心的地平線，它發現自己應擔負起重任，它開始大肆出資，甚至不知道這些錢能否收得回來。世人曾說：美元流通的範圍就是美國地平線的界限，美國國民有一點「小氣」，他們不如英國人與法國人那樣慷慨。比如說，出錢出力為世界自由而戰。然而，當時機真正成熟之時，美國人民隱忍的理想覺醒了，一下子超越了全世界。20 世紀是理想的世紀，如果你的理想不夠遠大，那麼你該覺醒了，變成擁有遠大理想的人。

我們以你自己為例說明這個問題。

　　你會如何對待自己雇用的雜工、速記員、記帳員？你給他們的報酬是否超出了他們當前的價值？還是你正揚揚自得，因為你支付給他們的報酬低於他們的價值？要知道你付出的少，得到的會更少；付出的多，得到的會更多。正如亨利·福特提出加薪，實行 5 美元一天的最低薪資制度以後，其盈利達到了薪資增幅的數倍。當時，福特股東道奇兄弟（Dodge Brothers）認為這種感覺好像是「他把手伸進他們的口袋之中，掏出了上百萬美元一般」。長遠來看，要想贏得商業遊戲的勝利，這是最好的辦法。如果你下定決心要從遊戲中獲得最大的利益，那麼這個遊戲遲早會找上你。

　　然而，商業以外的理想又如何呢？你每月會騰出一些時間，投入到公共服務事業中，履行公民應盡的一份責任嗎？也許你會說，我為什麼要毫無所求地付出這麼多？這些事留給那些毫無所求的人去做吧？然而，他們並非一無所獲。他們得到了任何人都可以得到的極大的歡娛與滿足。如果你沒有體會過為大眾服務帶來的歡娛感，那麼立刻出門，前往你所居住區域的福利機構，看看自己能為大眾做點什麼好事，你將會比孔雀更為自己感到驕傲，你將會成為擁有美式服務理想的美國人。

第五章
勤奮工作是好運之母

勤奮工作是好運之母。在遊手好閒之徒安於享樂的時候，你卻在地裡辛勤耕耘，這會使你獲得豐厚的果實。工作時要好像你能活一百年，祈禱時要好像你會死於明天。

一、我是誰？

我是所有商業的基礎。

我是一切繁榮的根源。

我是天才之母。

我是讓生活有滋有味的鹹鹽。

我是窮人的唯一支柱。

富人沒有我會退化、憔悴，提早進入墳墓。

我是原始的詛咒，也是原始的祝福。沒有我，任何健康的人都不會快樂。

重視我的國家會蒸蒸日上，無視我的國家會自取滅亡。

我成就了今天的美國。我令美國的工業無可匹敵，我令它

開採出豐富的礦藏，為它鋪設了蓋世無雙的鐵路，幫它建起了一座座城市，蓋起了一座座摩天大廈。

我是美國各行各業的奠基人。

我獨自任賢舉能，使他們地位顯赫。

我是每一位有志青年的朋友兼嚮導。如果他重視我，任何獎賞與地位都唾手可得。如果他輕視我，便無法得到令人羨慕的結局。

我是通往成功樂土的唯一階梯。

有時，人們會詛咒我，把我看成仇敵，但是，如果沒有我，他們的生活將會變得苦澀、盲目且毫無意義。

人們先要愛戴我，才會得到我的祝福，才會得到至高的成就。愛戴我，你的生活會甜美、明確而碩果纍纍。

愚笨的人厭惡我，睿智的人喜歡我。

在各大鐵路系統、工業組織、商業部門、學習機構中，贏得第一把交椅的巨擘們，幾乎無一例外，都是因為我，才取得了今天的成就。

我能夠令家族昌盛繁榮，更能夠令年輕人進步。

我是萬物的支柱，我間接地支撐著一切。

我是所有資本的創造者。

財富是由我積聚起來的。

我展現在烤爐中的每一片麵包之中，橫跨大陸的每一列火車之中，穿越海洋的每一艘輪船之中，出版的每一份報紙之中。

我有時會做得過度 —— 為了雄心壯志而自願過度，迫於壓力而被迫過度，由於年輕力壯而不小心過度。

不過，恰當地講，我是健康的人的氧氣。有些常伴我左右的人對我感到厭惡，不過一旦離開我，他很快就會感到坐立不安。

人群之中，我的追隨者每年都會變得越來越強。他們開始控制政府，推翻不合時宜的王朝。

我是民主主義之母。

一切進步都是我帶來的。

與我為敵的人走不了多遠 —— 就會原地不動了。

與我為友的人、不懼怕我的人，能夠繼續前進 —— 不知會走多遠？

我是誰？

我是什麼？

我是工作。

下面是一些成功人士所說的工作方面的醒世箴言：

湯瑪斯・利普頓爵士說：「辛勤工作是成功必不可少的要素。我總是覺得自己無法讓年輕人深刻意識到這一點。一個人

必須全心全意地投入到工作之中。首先，他必須勤奮，如果有必要的話，要願意為工作付出全部時間。正直是必不可少的，這點不言而喻，如果你想要取得巨大的成功，必須做到己所不欲，勿施於人。如果你做不到，那麼別人無疑會以牙還牙，而這一定是你不想見到的。如果年輕人能夠遵循這些法則，那麼他們將會發展順利；然而，能夠做到的人很少。」

查爾斯·M·施瓦布說：「那些總說自己『懷才不遇』的人缺少一些東西，這些東西就代表著成功。如果你看得夠遠，那麼你會發現一種叫做辛勤工作的能力與特質。我唯一的幸運之處在於：我天生具有良好的體力與智力，能夠勝任最為艱苦的工作。我曾經歷過無數的困境與考驗。」

拉塞爾·賽奇（Russell Sage）說：「我認為工作是提升個人體質的最佳方式，因為工作能夠開胃，促進消化吸收。身體不好並不是工作造成的，而是因為酗酒、熬夜、放蕩不羈。」

C·劉易斯·艾倫說：「就我的人生觀而言，我也相信，是辛勤工作成就了成功人士，而非機會；不過辛勤工作分為兩種——一種是千篇一律地盲目辛苦，另一種是向最終目標逐步邁進。人們必須能夠勝任各自當前的工作，但辛勤工作與自我分析也是不可或缺的要素。基於對大多數成功人士的分析，我也是不太相信天才的人。」

班傑明·富蘭克林（Benjamin Franklin）說：「勤奮工作是好

運之母。在遊手好閒之徒安於享樂的時候，你卻在地裡辛勤耕耘，這會使你獲得豐厚的果實。工作時要好像你能活一百年，祈禱時要好像你會死於明天。」

D·O·米爾斯（Darius Ogden Mills）說：「工作培養了人類的一切優良品質，懶散導致了人類的一切罪惡。工作銳化了人們的能力，使社會昌盛繁榮；懶散令人懶惰，令人揮霍無度。工作常圍繞在那些勤奮、正直的人身邊，在這樣的社會中，弱者會變強，強者會變得更強。而另外，懶散通常會令人與墮落為伍，把追求腐敗且庸俗的消遣當作是人生的唯一目標。」

歐文·T·布希（Irving Ter Bush）說：「每個人在做每一份工作時，應當持有以最少的金錢取得最大效能的想法，同時要把自己當成是將會想出辦法的人。」

塞繆爾·龔帕斯（Samuel Gompers）說：「我學會了既要思考，又要行動，還深刻體會到工作者寧願犧牲個人利益，也要實現目標的偉大精神。我已經感受到了手工工作者偉大的奉獻精神，我只想對年輕人說 ──『投身到你的工作中去。』」

二、如何在工作中培養最高效能

科學管理之父溫斯羅·泰勒（Frederick Winslow Taylor）博士，在他的著作中介紹了一位往貨車上搬運生鐵的搬運工。最

初的時候，他每天搬運 12 噸。之後遵行科學的作息方案，他每天能夠搬運 47 噸，卻不覺得比最初搬運 12 噸時更疲憊。後來泰勒博士發現，能夠成為一流生鐵搬運工的人鳳毛麟角。那些鳳毛麟角的人每天搬運 47 噸生鐵，他們日漸強壯、快樂，而那些不努力的庸碌的人卻很快被埋沒了。

你是選擇按照預定計畫奮發努力，爭取做得更多，並因此而變得強大呢？還是選擇甘拜下風，做個庸碌之輩呢？

你必須透過認真地比較研究自行解決這個問題，沒有人能夠代替你，因為這會耗費大量的時間與精力，除了你自己之外，沒有人能夠付出 —— 你可以認真而徹底地研究這個問題。

你會立刻開始研究，檢查你所知道的所有情況與條件嗎？你會繼續收集更多的資訊嗎？

就你當前的培訓與工作而言，你喜歡體力或者腦力方面的辛勤工作嗎？

如果你的工作進度拖延了，如果你在早晨感到難以言喻的疲憊，整天都在期待晚上的到來，或是思考晚上還要多久才能到來，那麼最好做個全面的科學體檢 —— 尿液、血液、腹腔臟器等，讓資深醫生對你的身體狀況進行分析，確保自己沒有患上諸如糖尿病、布萊特氏症（腎小球腎炎）、心律不齊、初期隱形的肺結核、骨質或是腺體疾病，或者是你的心室太狹窄。在你讀到這裡的時候，應該立刻檢查身體狀況，當即做出決定，

看看是否存在以上隱患。

接下來，你需要仔細考慮一下，你在工作中是否最大限度地發揮了身體機能，並從中獲得了最大的歡娛與享受。

眾所周知，八小時工作制比十小時工作制更有效能，然而，如果僅是六七個小時的體力工作，那麼很可能是浪費效能。另外，如果連續六七個小時從事高強度的辦公室工作，那麼任何人都會感到疲倦，而需要精神高度集中的作家或思想家，只要兩三個小時就會疲憊不堪了。

你的工作屬於哪種性質，你最大的工作效能是多少個小時？如果你不知道，現在開始測試並找出答案，然後為自己制定一個用以測試的切實計劃。

如果你是在為別人工作，那麼你也許會說你無法調節自己的工作時間等。然而，其實你有很大的可能這樣做。即使你在上班與下班時都要打卡，但在某種程度上，你可以調節中間的這段時間，而且你需要確定自己按勞取酬。你可以向你的上司解釋你會如何安排時間或安排工作，來取得更好的結果。他十有八九會欣然接受你的建議，並與你一起協調你的工作安排，以便你能夠感到滿意與快樂。

犧牲睡眠時間、運動時間、娛樂時間與用餐時間的人是愚蠢的人 —— 這並不是真正的辛勤工作，而是自以為是地辛勤工作。你要保證日常所需的睡眠、運動與用餐時間，你會發現若

是要維持健康，總是加班超時是不可行的。經常加班並不是辛勤工作，這樣只會使你缺少睡眠時間、運動時間與用餐時間及休閒娛樂。

　　我之前從未講過如何應對懶惰。真正的懶人是不會讀到這節內容的。如果你覺得自己懶惰，如果你覺得自己不喜歡工作，不喜歡努力工作，那麼請檢查一下自己的現狀 —— 你的健康與習慣，你的睡眠、娛樂與放鬆時間，以及你安排一天的緊張工作與適當放鬆的方式。

　　你的不足與錯誤是什麼？找出來，加以解決 —— 現在就是最佳的行動時間。

第六章
存錢是各項商務成功的基礎

當機會出現時，你必須有把握機會的能力才能夠成功，而這種機會通常需要立即投入一定的儲蓄。

一、你見過因為存錢而感到悔恨的人嗎？

儲蓄是各項商務成功的基礎。任何企業的建立都離不開金錢。

一無所有的人很難建立起別人對自己的信任，很難從別人那裡獲得資金或貸款。沒有儲蓄能力表明其他能力也有所欠缺。

金融界與商務界那些具有顯赫地位的成功人士很早以前就開始儲蓄了。

約翰·D·洛克斐勒不到7歲就開始存錢了，等到他9歲的時候，已經是個小商業家了。

安德魯·卡內基早在自己成年之前，就儲備好了第一筆資金。

亨利·C·弗里克早在擁有投票權之前就開始存錢了，在他賺到了第一筆百萬資產之後，仍然保留著這個習慣。

法蘭克·W·伍爾沃斯（Frank Winfield Woolworth）正是因

為提前存夠了 50 美元，才獲得了在乾貨店打工的機會。這筆錢是在極其不利的條件下存下的，當時，他在父親打工的農場中幫忙，沒有固定的收入。

菲利普‧阿默爾（Philip Armour）現在的財富，是靠勤奮與節儉累積起來的。當時年輕的阿默爾還在加州工作時，他累積了 5,000 美元，主要是透過挖掘存下的。

如今的鋼鐵公司大廠董事長 E‧H‧凱理（Elbert Henry Gary）在 30 歲之前始終在奮力打拚，每一分錢都是他辛苦存下來的。

眾所周知，康內留斯‧范德比爾特（Cornelius Vanderbilt）的財富核心是由他可敬的妻子的節儉奠定的。

白手起家的喬治‧伊士曼一直忍受著貧窮的困擾，從開始工作的那天起，他便開始努力存下每一分錢。要不是如此，他也無法開始經商，從而成為美國的 30 位富豪之一。

亨利‧福特在經歷了艱苦的奮戰之後，才獲取了啟動汽車製造產業所需的資本。如果他自己沒有儲蓄，他便無法說服別人為他提供更多的資金支持。

西爾斯百貨公司總裁，大富豪朱利葉斯‧羅森瓦德（Julius Rosenwald）的第一桶金是靠零敲碎打的行商賺取的，他存下了每一分錢。

A‧巴頓‧赫伯恩是靠借錢讀完的大學，正是因為他很節儉並學會儲蓄，所以才能夠在早年便開始經商。如今，他已是國

內最成功的銀行家之一了。

D·O·米爾斯在他擁有大量的財富時曾說過：「一個人只有啟動資本累積，才能賺取到財富；他在累積自己的第一個 100 美元的過程中，養成了節儉的習慣，這個習慣在日後具有不可估量的價值。重要的並不是這筆錢，而是這個習慣。『身無分文』的人最為無助，無論此人是多麼有能力；在商人群體之中，小額借款是最有損聲譽的一種習慣。年輕人也許還無法深刻理解這一點。」

湯瑪斯·利普頓爵士說：「總是有人向我請教成功的祕訣。主要祕訣就是勤儉，而且要把勤儉應用在存錢過程中。正如一本封面上有一家銀行名字的精裝小書中所說，一個年輕人可以有很多朋友，但卻找不到踏實、忠誠、急他之所急、有能力助他一臂之力的朋友。儲蓄是一切成功的第一大原則。儲蓄能夠令人獨立，給予人地位與力量，能夠有力助你一臂之力，事實上，儲蓄能夠帶來成功的最佳感覺 —— 快樂與滿足。如果能夠把儲蓄的特質灌輸給每一個孩子，那麼我們將會看到更多的成功人士。」

安德魯·卡內基說：「一個人需要學會的第一件事就是存錢。存錢可以培養節儉的習慣，而節儉是所有習慣中最有價值的一種。節儉是偉大的財富聚集師。節儉是原始人與現代人的分界線。節儉不僅能夠積聚財富，還可以培養一個人的品德。」

有人問馬歇爾‧菲爾德（Marshall Field）職業生涯中的轉捩點是什麼，即結束貧窮生活的那個轉捩點。他回答道：「有節制地開支，從而累積了我所擁有的第一筆 5,000 美元。存夠這筆錢之後，我具備了把握機會的能力。我想這就是我的轉捩點。」

一個連自身財政狀況都處理不好的人，不太可能會處理好其他人的財政狀況。

儲蓄要求節儉、自控、自律、克己。

如今的雇主大多會詢問應徵者是否有銀行帳戶。因為他們通常認為不節儉與行為輕率如影隨形。

如果國民不懂存錢，那麼國家不會強盛。

創立新產業、修建新鐵路、開採新礦山、建造新建築，所有這些都需要一定的資本，而這些資本不是別的，正是提前儲備的金錢。

由此可見，在和平時代，儲蓄是進步的基石。在最近的幾個月中，我們都懂得了，在戰爭時期，儲蓄對勝利有多麼重要。

你的存款就是你儲備的勞力。存款代表著你已經完工了，只是還沒有付款而已。你可以用這些儲備的勞力去換取自己想要的東西。

揮霍無度的人很難揚名於世。

有句老話說蠢人與金錢很快就會分道揚鑣。貧困中不存在

美德。貧困只會衍生出醜惡、疾病與各種惡行。

揮霍無度的人永遠不會開心，永遠不會滿足。他的內心永無寧日。

你見過因為積蓄而感到悔恨的人嗎？

你知道很多人因為沒有積蓄而感到悔恨嗎？

銀行帳戶能夠提升一個人的自尊、剛毅與自信，能夠強化內心的平和，從而使他成為一個好雇員、好公民、好父親。

一點積蓄都沒有的人很難把握住商機。

當機會出現時，你必須有把握機會的能力才能夠成功，而這種機會通常需要立即投入一定的儲蓄。

那些需要依靠下週的薪水來解決下週吃飯問題的人，不敢有所嘗試。他不敢把握機會，不敢冒險，不敢進入任何新領域。貧窮就如同束縛他的鎖鏈一般。詩人伯恩斯（Robert Burns）在鼓勵大家存錢時，寫下了這樣的詩句：

不是為了埋藏在籬笆下，

不是為了乘坐火車，

而是為了獨立自主的榮耀。

貧窮使哥倫布（Christopher Columbus）探索美洲新大陸的雄心壯志延遲了幾年，讓他經歷了各種侮辱、輕慢與艱苦。

如果電纜鋪設工程由一個窮人執掌，那麼舊世界與新世界

不可能在很多年前連線在一起。之所以能夠連在一起，是因為塞勒斯・W・菲爾德（Cyrus West Field）是一個富翁，他能夠從別人那裡得到財政支持，在實現目標的過程中，他曾經歷了多次費用高昂的慘敗，最終取得了成功。

由於缺乏資金，作為商務工具的電話差點變得毫無價值。幸好，亞歷山大・格拉漢姆・貝爾（Alexander Graham Bell）的岳父最終施以援手 —— 他有些積蓄。

收割機的開發之所以延遲了好幾年，是因為麥考密克（Cyrus McCormick）沒有進行大規模製造與行銷的資本。

如果不是因為有人 —— 有很多人懂得存錢，居住在城市中的我們，也許還無法一擰水龍頭就有水汩汩流出，也許還無法一按開關就讓室內燈火通明，因為安裝水流系統與電燈系統需要金錢 —— 大量金錢，很多個體的積蓄。

如果不是節儉的人縮減開支，累積了建造軌路的積蓄，我們還無法乘坐電車、地鐵或是高架火車上下班。

在戰爭期間，儲蓄的美德與價值使美國的每一個人都回到了家。要不是自由貸款取得成功，這個國家將會蒙受恥辱。要不是我們有很多存款者，這筆貸款也不會取得成功。

合理的存款能夠培養個體的優良特質，這些特質非常有用，而揮霍無度的習慣則是有害的。

我引用班傑明・富蘭克林的一句話：「記住金錢具有繁衍的

特性。錢能生錢，生出的錢能夠繁衍出更多的錢，生生不息。5 先令能夠變成 6 先令，6 先令能夠變成 7.3 先令，以此類推，直到變成 100 英鎊。本金越多，翻倍的幅度越大，利潤的增加也會越快。」

無法未雨綢繆地存錢，不為老年做積蓄，是自私的行為，因為當災禍出現時，重擔將會壓在別人身上。

不要做寄生蟲，要獨立自主。

要勇於正視所有人的眼睛。

要累積自尊，累積儲蓄。

為了老年，為了希望，趁早存錢吧，

早晨的太陽不可能照耀到一整天。

二、如何成為資本家

在美國，想要取得成功的每一位商人都要先變成資本家。如果他具備進取心，就會期待有朝一日能夠開展自己的生意，或者達到可以駕馭他人的位置。如果你滿足於一生都為別人工作，你仍然需要資本才能夠保有好工作，得到更好的工作。很多人終其一生，在不合適的工作上疲於奔命，因為他沒有資本可以等待更好的工作到來，他不得不把握住自己遇到的第一份

工作。無論你的職位高低，成為大資本家或小資本家勢在必行。

如何成為資本家？

存錢，直到擁有一定的積蓄。街上的報童先要為別人賣報，才能存夠錢去買下屬於自己的報攤，得到所有的收益，而不再是一半的收益。鄉下的小孩需要先存夠錢作為進城的路費，然後才能得到一份更好的工作，或是去上學，充實自己，以便能夠就任更高的職位。他們都是資本家的萌芽，他們與洛克斐勒或是摩根（John Pierpont Morgan）之間的唯一區別在於量的不同，而本質都是一樣的。如果我們能夠銘記 50 美分就是5,000 萬美元的資本，那麼我們就掌握了第一條基本原則。

第二條基本原則是有錢人會得到更多。如果你有 50 美分，那麼你很可能會借到 1 美元，因為出借人會說：「哦，那個傢伙必須拚命工作，才能夠累積 50 美分，我這 1 美元對他而言已經是非同小可了。」如果一個人有 5,000 美元的建築資金，那麼他將會得到 2.5 萬至 3 萬美元的貸款，如果他已經存夠了地段費，那麼他可以借款建房。如果他有了自己的房產與地段，那麼他可以貸款購買商品，開始經商。

關鍵在於他的信心被激發了，因為他自己存夠了那筆錢——而不是因為他擁有那筆錢。如果這筆錢是他從街上撿到的，又或是某人留給他的遺產，那麼他不會得到太多的貸款。其實，大部分人的信心都是被他自己的存款所激發的。在商業中，他

自己賺到的錢才是真正的基礎資金，當然，這些基礎資金還會引來一些資金。

現在，我的朋友，你的情況如何？你是一個儲蓄者嗎？

你說：「我竭盡所能去生存、去還債。當我欠別人債時，我全部的錢都用來還債，直到還清全部的債務之前，我才能有多餘的錢可以存進銀行。」

那麼你可以嘗試著買份可以分期付款的自由債券 —— 它會迫使你必須努力賺錢償還貸款，否則就會失去債券。或者你還可以嘗試以小額償還貸款的方式購買一座房子，你需要一些東西自動提醒你、強迫你去存錢。

你會選擇哪種方式作為最佳的強制存款方式？把它寫下來。

也許你生活富裕，有個好妻子、好家庭，還有一些很好的朋友。你在年輕時存下了一些錢。現在你有一個很好的開始，但來自家庭的壓力，生意沒有擴張的情況下使你很難存錢。

如果你處在這種情況下，你會怎麼辦？

我建議舉行一個家庭會議 —— 把妻子與年長懂事的孩子們聚在一起，鄭重其事地開個會，簡潔明瞭地說明整個情況，以便他們也能夠和你一樣了解目前的狀況。讓他們了解，他們必須開始存錢，也就是說要減少開支，不要削減他們的零用錢，而是讓他們學會把零用錢的一部分累積下來。你可以為每個人分別開設一個銀行帳戶，向他們宣布由你來掌管他們的錢並無

益處，他們必須親眼見證金錢的累積。同時你也開設一個儲蓄帳戶，每週與所有家庭成員交換意見，看看誰的儲蓄相對較多。

你願意今天就進行這個計畫嗎？

應該詳細寫明計畫，以便在開會的時候，不會忘記重點，不會失去勇氣。

第七章
覺察機會、創造機會、抓住機會

　　遲早，機會會出其不意地敲響每一扇門！只敲一次！在機會轉身離去之前，如果你在睡覺，請馬上醒來；如果你在用餐，請馬上起身。

▋一、機會眷顧有準備的人

　　無知的人是盲目的，而盲目的人看不到機會。

　　要讓自己看到機會，用學識照亮道路。

　　平庸的人等待著機會的到來。

　　強勢、警覺的人追逐著機會。

　　睿智的人創造機會。

　　沒有準備的人是無法抓住機會並利用機會的。

　　機會眷顧傑出的人，躲避庸碌之輩。

　　讓自己做好抓住機會的準備，這樣機會才會眷顧你。

　　機會並不像有些人所說的那樣反覆無常、變幻莫測、毫無道理。

機會躲避著那些閒散、庸碌、無知的人。

偉大的人會訓練自己察覺機會、抓住機會、創造機會、把握機會。

當查爾斯‧M‧施瓦布瞬間出現在基秦拿伯爵的辦公桌旁時，歐洲戰爭第一槍的回音迅速消逝了，取而代之的是令施瓦布及其員工、股東、國家得到數億美元的合約。

亨利‧P‧戴維森（Henry Pomeroy Davison）前往倫敦，說服 J‧P‧摩根公司支持他們 —— 他的公司作為英國政府的財務代理公司，巧妙而有效地利用機會得到管理數十億美元商務活動的業務。

一文不名但卻並非毫無準備的紐約商人亞瑟‧G‧加斯頓（Arthur George Gaston）也迅速察覺到了機會，並讓英國陸軍部留下了深刻的印象，加斯頓與威廉姆斯 & 威格摩爾合併，開發了幾乎覆蓋多半個地球的商務進出口網路，每年經手數千萬美元。

亨利‧福特是自己創造機會的典型人物。

在石油產業剛剛興起的時候，約翰‧D‧洛克斐勒曾是克里夫蘭市年輕的代銷商，不過，借用他所說的一句話：「我看到一個機會可以進入這個領域，並拓展到全世界，如果價格夠低，所有人都能夠使用；因此我對石油產生了興趣。」再引用洛克斐勒先生的一句話：「如今，每人每天有 100 個機會，而前幾年只

有 50 個機會。」

發現了煤炭潛力的 H・C・弗里克曾是一位一無所有、毫無名氣的圖書館員，在他 30 多歲時，年收入已達到了百萬美元，他把自己的成功歸結為一個原因：「我非常努力地工作，並不時尋找機會。」

知名肉品包裝商托馬斯・E・威爾遜曾是一個週薪 40 美元的鐵路工作者。當時，莫里斯公司讓威爾遜的上司向他們推薦一個聰明的年輕職員去監管冷藏車。派去的人很快就回來了，他拒絕在那裡工作的理由是「氣味太難聞」。年輕的威爾遜說：「讓我去吧。」就這樣，他去了 —— 並成為莫里斯公司的總裁。他掌管著蘇茲伯格家族公司的後繼公司 —— 威爾遜公司，這是全球最大的包裝公司之一。

E・H・哈里曼曾是一位並不起眼的股票經紀人，直到他抓住機會，察覺到即將破產倒閉的聯合太平洋鐵路公司具有復甦的可能性，並因此步入了百萬富翁的行列。不過，沒有做好準備的野心家是無法看到這個機會，也無法把握它的。

詹姆斯・J・希爾曾經也是同樣的不名一文，同樣的貧窮，直到他從一個即將破產的小型鐵路公司機會，並把它當作了通往更高階梯的墊腳石。

雖然法蘭克・W・伍爾沃斯創辦的前 5 家店中，有 3 家店都失敗了，但他依然不斷地尋求著機會，直到他學會如何更好地

選址，終於一家一家地讓他的店面遍地開花。

當約翰・N・威利斯（John North Willys）投身到拯救行將破產的威利汽車公司時，他連 1,000 美元都沒有。但他那不屈不撓、永不服輸的英勇作風，使他抓住了機會，為他鋪就了通往財富的道路。

曾有人問狄奧多・羅斯福（Theodore Roosevelt）：「你是相信機會的人嗎？」他回答道：「在某種程度上是。我們生活中的很多巨變都源自一些小事情，一個機會，一起事故或是一些微小的突發狀況。當時機來臨時，人們必須做出反應，否則就會錯失良機。如果此人做出了反應，那麼一切都會向著好的方向前進。如果沒有，那麼他恐怕再也沒有這樣的機會了。如果你願意的話，可以稱其為機會。不過，我卻認為是遠見引導著人們利用了優越的條件。遠見是一種可以擁有的、最具價值的東西。」

用餐巾埋沒才能的《聖經》故事僅僅是關於機會的說教。緊緊抓住機會的哥哥成為「很多東西的管理者」，而閒散的弟弟幾乎喪失了自己擁有的一切。

你會怎樣運用自己的才能？

你會積極、辛勤、刻苦地增加才能嗎？

還是你會放任自流，任其沉寂、生鏽、腐爛？

機會可以轉述為四個字母。

不過，這些字母不是 L-u-c-k（幸運）。

而是 W-o-r-k（工作）。

「機會」的宣言如下：

我掌握著人類的命運！

名望、愛與財富等候著我的腳步。

我走過城鎮、田野，

穿越沙漠、大海，

歷經茅舍、市集與宮殿，

遲早，我會出其不意地敲響每一扇門！只敲一次！

在我轉身離去之前，

如果你在睡覺，請醒來；如果你在用餐，請起身。

二、如何尋找或製造機會

提到這一點，你可能會不耐煩地說：「好運究竟會從何而來？你說的就好像一切都應由我負責一般，所有成功的要素都取決於我，取決於我自己。」**

是的，很遺憾，你必須拋棄自己是壞運氣的替罪羊這一想法，你不應推卸自己為人處世失敗的責任。我承認當我說到「尋找或製造機會」時，這句話有其自身的局限性。

當然，運氣這種東西確實存在 —— 它就在我們身邊，每天

伴隨著我們。世界上倒楣到底的情況少之又少，卻存在著很多厄運，我們每個人都會時不時地被它所困擾，這就是所謂的好運與厄運共存。這是問題的關鍵 —— 機會，這個與厄運相反或相對的東西，來來去去，好運可以變成厄運，厄運也可以變成好運。世界上充斥著好運與厄運 —— 這就是機會與等待機會的關鍵所在。成功的要素在於能夠開懷地接受厄運，同時絕不讓好運溜走。如果機會看似總是躲著你，那說明你身上一定存在某些問題，是時候追根究柢，找出問題所在了。

在這裡同樣要把所有的個人特質都考慮進去，其中的任何一種特質都可能是機會從你身邊溜走的原因。回顧本書的第一課內容，全面檢視自己，找出機會不眷顧你的原因，是個人的問題嗎？是缺乏勇氣嗎？還是當好事出現在眼前時，你無法辨別呢？

假設你檢視了自己的所有個人特質，卻找不出失去機會的合理解釋，又當如何呢？很多年以前，有一位紐約的作者，一本書都出版不了。是因為他的書寫得太差，以至於所有出版社都不願意出版嗎？還是因為好的著作在當時的紐約並不受歡迎呢？他決定前往倫敦做嘗試，剛抵達倫敦短短幾週，他就把在紐約遭到拒絕的兩本圖書簽了約。可是，接下來的兩年，他都沒有在倫敦賺到錢，他由此總結出：在這裡雖然很容易得到認可，卻不容易賺錢。因此，他去了芝加哥。雖然芝加哥的各類

出版機構很少，但卻是半數圖書在美國發行的的交易中心。不久之後，這位作家的圖書出版了，並賣出了數十萬冊。在時間的磨練中，這位作家累積了聲望與成熟的寫作技巧，並需要分銷機構幫助他發售著作。芝加哥不具備這種條件，因此他回到了紐約，他發現分銷商正靜候著他，而且想要大量出版他的著作。因此他又回到了最初的地方，他發現機會如影隨形地伴隨著。這個故事的寓意就是：只有追逐機會，才能及時抓住機會。

那麼，下一步你打算怎麼辦？在檢視了自己的個性、處境與環境之後，分別列出優勢與劣勢，得出合理的結論，看看下一步應該去哪裡尋求機會。如果你已經有了一些機會，看看其中還會有更多、更大的機會嗎？也許之前由於你考慮不足而錯失了良機，那麼現在就列出所有隱藏的機會，從各個方面一一斟酌。

第八章
克己是取得真正成功的基本要素

那些年輕時虛度光陰、追求歡娛而非成就的人，那些沉迷酒杯而非爭奪金獎盃的人，注定會在晚年為年輕時錯失良機而付出代價。

一、要麼自覺克己，要麼被人克制

年輕多流汗，年老少受苦。

大多數人在生命的早期旅程中，都要面對困境，歷經艱難和險阻。

那些年輕時虛度光陰、追求歡娛而非成就的人，那些縱情嬉戲不知勤勉的人，那些放蕩不羈、不知努力的人，那些沉迷酒杯而非爭奪金獎盃的人，注定會在晚年為年輕時錯失良機而付出代價。

平衡法則恆久存在；它看似在沉睡，其實從未入眠。

有句古語闡明了這條法則：「一分耕耘，一分收穫。」

睿智的人會趁著年輕多努力，會積極而泰然地鍛鍊頭腦與體魄，艱難、疲憊與克己如同銘刻在他的前額，他的意志不會渙散。

他選擇在自己精力最旺盛的時候，為老年的歡樂、舒適與富裕付出努力。

在生命旅程之初自覺克己，將會在不知不覺中避免年老遭受貧困、壓力和勞累。

每個人都要先對這個世界做出一些貢獻，然後才能夠期望這個世界滿足自己的所有合理需求。有時，事實並不像人們所想的那樣，即便是大富豪的子孫後代，也無法凌駕於這條法則之上。

有付出才有回報，有耕耘才有收穫。

克己是取得真正成功的基本要素 —— 不擇手段地發家致富並不是真正的成功。

隨便說出一些美國著名行動派的經歷，看看他們是否遵循著克己的法則。

華盛頓（George Washington）很富有，但他愛國勝過愛自己，為了實現崇高的理想，他毫不猶豫、不辭辛勞、不怕危險。

林肯（Abraham Lincoln）的學識、智慧與治國之才並不是從天而降的。當身邊的人嬉戲玩耍的時候，他付出了多少的刻苦努力；在默默無聞的準備生涯中，他堅持了怎樣的克己舉措，又有誰知道呢？

愛迪生每天工作 16 ～ 18 個小時，才在名人榜上爭得了一席之地。抵達紐約時，身無分文而又飢腸轆轆的他，不得不

懇求一位品茶師施捨給他一杯茶。幾年之後，無數困難向他湧來，他曾一度情緒低迷，擔心無法攻克難關。但即便在那個時候，他也沒有絕望。「就算壞事接踵而來，薩姆，我可以再去當送報員，而你也可以找個速記員的工作。」他對自己最忠實的年輕助手，後來成為全球知名電力企業總裁的塞繆爾‧英薩爾（Samuel Insull）這樣說道。

亞歷山大‧格雷厄姆‧貝爾與西奧多‧N‧魏爾（Theodore Newton Vail）在成功搭建起付費電話網路之前，曾一度淪落到借錢吃飯的地步 —— 他們的飯錢不足兩美元。

要不是因為嚴格克己與極度果斷，農場工人麥考密克也無法頂住無數的阻撓，為世人帶來收割機，否則人們可能至今還處在原始的手工收割階段。

查理斯‧固特異（Charles Goodyear）在長期努力開發可能成為人類寶貴資源的物質時，差一點餓死。他的努力使得橡膠工業成為國內主要產業。

富爾頓（Robert Fulton）並沒有在困難面前退縮，他不惜血本地製造了第一艘輪船，並在哈德遜河（Hudson）試航。

埃利亞斯‧豪（Elias Howe）在努力發明縫紉機的過程中，全然忘記了自己的舒適問題。

塞勒斯‧W‧菲爾德雖然富有，但卻勇於體驗貧窮，嘗盡苦累，只為鋪設橫跨大西洋的代表文明的電纜。

　　再說說其他的成功人士：

　　煤炭與鋼鐵國王亨利・克雷・弗里克在年收入達到百萬美元之後，仍舊生活在一室一廳的房子中，他是如此急切地想要把累積的資本用於商務擴張。

　　菸草大亨詹姆斯・B・杜克也是為了同樣的理由，在年收入達到 5 萬美元之後，仍然居住在租金為每週 2.5 美元的狹小房間中，且每頓飯都在東區（紐約）食堂就餐。直到他的年收入達到了 10 萬美元之後，才搬到了租金為每週 4 美元的房間中。

　　亨利・菲普斯（Henry Phipps）的父親（Henry Phipps Jr.）是一位鞋匠。安德魯・卡內基的母親過去常常幫他縫製鞋子，而安德魯自己也曾一度夜夜加班，只為每週能夠多賺一美元；有時，他還會為了存錢而犧牲自己所有的娛樂活動。

　　摩根最為傑出的合夥人亨利・P・戴維森在一家很小的紐約銀行得到了自己的首份出納員職務時，為了節省 10 美分，每天 10 英里的上下班路程，他都是騎車穿梭在紐約的大街小巷中；他會把晚上的時間用來學習。

　　美國最大的國家銀行行長法蘭克・A・范德利普起初曾在機械工廠打工，他在車床辛苦勞作，存夠了一年的大學學費。正是這種不屈不撓的克己精神，他的全部生活費加學費一共只用了 265 美元。此外，他還把自己過去常說的一句話作為自己的成功格言：「每天，在完成當天的工作之後，還要把第二天的工

作放入日程，研究它與事物的發展過程有何關係。」── 這是克己的另一種形式。

克己就如同人在生命的初期或中期烘烤蛋糕，那麼就可以在晚期享用成果了。

如果你在初期時能夠自覺克己，那麼到了生命的後期，世界上就沒有什麼能夠阻撓你。

要麼自覺克己，要麼受人箝制。

二、什麼是合理克己，什麼是不合理克己

在這個世界上，兩個極端都是不好的，因為智慧存在於中庸之道中。

如果你很年輕，那麼克己是一個重要的美德；如果你已年邁，且存下了一些錢，那麼假如你分文不花，你就是吝嗇鬼。大學畢業之後，把自己封閉在小房間中，節衣縮食至危險境地，最終被送入醫院的人是愚蠢的人 ── 他本可以在農場中更好地工作。雖然英國食品管理者拜倫·朗達（Baron Rhondda）非常富有 ── 作為英國最大無煙煤礦的所有者，可以說是極其富有，他想要為英國人民樹立克己的典範，像外界宣稱的那樣節衣縮食地生活著，但卻因此減掉了 30 磅的體重而最終死去，他做出了巨大的犧牲 ── 但這樣做明智嗎？

　　在大多數情況下，不明智地遵循中庸之道是極其危險的。很多年輕人幾乎賺多少就花多少。他的薪水並不高，他的薪水不足以讓他盡情享樂。他為能夠養活自己、基本不用依賴父親而自命清高。他不常去劇院，只是偶爾去一次；他有時會去打撞球，有時會與朋友們玩撲克。這些娛樂活動需要耗費大量的時間與精力，要保持娛樂活動與生活條件的均衡 —— 與微薄收入的均衡。自我放縱應該適度，而克己也應該同樣適度。

　　你會選擇哪一種 —— 適度放縱的藝術還是合理克己的藝術？

　　你無須節衣縮食，無須拚命工作，無須放棄所有娛樂 ——然而，如果你想要生活變得更好，在年輕時積聚財富，在年老時享用，那麼你必須系統而深入地培養克己精神。

　　你是否有培養克己精神？

　　要坦誠地回答自己。如果你對自己都不坦誠，那你還能對誰坦誠呢？

　　除了金錢方面的克己以外，還有一些其他的克己形式。克己是無私的基礎。你要克制口舌之欲，不要說一些於人無益的刻薄或傷人言論，可以發自內心地說一些令人舒心的話語。透過克制傷人之語，你會更感舒心。

　　也許在商界，你會很快見識到如何利用機會獲取效益。透過自己的聰明才智獲益，會令你感到一定程度的滿足。然而，透過克制自己而得到享受、利用機會的特權，則會讓你更感滿

足，尤其是在他人因注意力轉移而沒有注意到機會或是失去機會的情況下尤其如此。克己是美國商業從業者服務準則的基礎。不要成為壓榨者，而應小心保護你的所有客戶，使其免受你或他人的壓榨 —— 透過克己，你會獲得巨大的收益。

第九章
堅韌不拔成就國家與個人的偉大

若不灰心，到了時候就要收成。

▌一、一張郵票也知道要堅持到目的地

「若不灰心，到了時候就要收成。」——《加拉太書》第六章第九節（Epistle to the Galatians 6:9）

鑽石常在煤礦裡發掘而來。

人類的進化已經歷經了數百萬年，就算再多用幾年的時間成為人中龍鳳，又有什麼令人不滿的呢？

如果無法快速出人頭地，我們就要退卻嗎？

請注意，在美國的金融界、工商界大亨中，沒有一位是 40 歲以下的，一位都沒有。

過去的情況又如何呢？

Ｊ・Ｐ・摩根的創始人雖然生來富有，日後又成了國際銀行家，但直到 60 歲他才取得了事業上的最大成就；將近 70 歲，他才在華爾街的金融危機中被公認為華爾街無可非議的領軍人物。

哈里曼在 50 歲時還是一位名不見經傳的鐵路公司的經紀人。

希爾在成為西北帝國締造者的時候，頭髮已經花白了。

伍德羅·威爾遜在 50 歲時還是一位少有人知的大學教授。

華盛頓在贏得「國父」這一不朽頭銜的時候，已經不再年輕了。

林肯在中年時還是煤炭級人物，而非鑽石級，直到 52 歲才顯現出總統之才。他在蓋茲堡做出不朽的演講時已經 54 歲了。

然而，他們都是堅韌的人。他們有目標，能夠勇敢、無畏而堅定地朝著目標努力，他們克服的障礙多於你我所經歷的。

很多人在最初 12 個月中表現出的執著，要多於日後 12 年中表現出的執著；要不是這樣，他們永遠也無法學會走路。

羅伯特·布魯斯（Robert Bruce）在解放蘇格蘭的過程中，經歷了六次失敗。不過，當他看到一隻蜘蛛從牆上跌落六次之後最終成功地爬上了牆時，他重拾勇氣，進行了第七次嘗試，並最終贏得了桂冠與不朽的榮耀。

查爾斯·M·施瓦布在 35 歲之前成為世界首家資產為 10 億美元的公司的總裁，雖然他曾一度失去鋼鐵大王的名號、萬眾矚目和光環超過 10 年，但在這段時間，他加倍努力，在年過半百之後，取得了巨大的成就，他沒有退卻，且堅韌不拔。

美國最具影響力的兩大銀行家喬治·F·貝克與雅各布·H·

希夫（Jacob Hirsch Schiff）的平均年齡有70歲。而「較年輕一派」的代表亨利‧P‧戴維森、法蘭克‧A‧范德利普與奧托‧H‧卡恩（Otto Hermann Kahn），也都年逾50歲或50歲以上了。

美國幾大主要鐵路公司的總裁全都到了可以做祖父的年齡。

90％的美國商業大亨都是白手起家的——在國內評選出的50位商業中堅裡，不足10位是生來富貴的，其中至少有40位，在占有一席之地以前，都付出過血汗，從清晨到深夜，乃至徹夜辛苦地從事腦力與體力勞動。他們遭受過失敗，卻從不絕望。

如今的雇主都會避開見風轉舵的人。

搖擺不定的人沒有市場。

生活講究非常專業化，雜而不精的三腳貓功夫並不受歡迎。

堅持，一個人必須堅持到最後——他不能期望今天是個好鞋匠，明天就能成為一個優秀的水管工人。

今天的成就需要熱血的人，而非冷淡的人；需要堅韌，而非牢騷。

受歡迎的是堅韌不拔的人，而非固執己見的人。

「堅韌是開啟成功之門的唯一鑰匙。」美國迄今為止最偉大的採礦冶煉業大廠丹尼爾‧古根漢（Daniel Guggenheim）這樣說道。

曾有人問馬歇爾‧菲爾德：「你把自己的哪種特性看作是事

業成功所不可或缺的？」他毫不遲疑地回答道：「堅韌。」

E‧H‧哈里曼最喜歡的格言是：「很多人只因相差一點點，就毀掉了很多出色的工作。」

有人問愛迪生：「你認為若要在你的領域或其他領域取得成功，必不可少的第一要素是什麼？」他回答道：「要能夠不知疲倦地將腦力與體力專注在一個問題上。我所做的每一件有價值的事都並非突發奇想，我的發明也沒有一樣是意外所得，留聲機除外。當我確定一個目標有其價值的時候，我會奮勇向前，不停地實驗，直到實現目標為止。」

班傑明‧富蘭克林曾經說過：「也許你的能力不強，但只要堅定不移，必將取得巨大的成果，因為滴水石穿，星火燎原。」

即使是一張小小的郵票也知道要堅持到目的地。

是堅韌不拔成就了國家與個人的偉大。

當國家與個人鬆懈時，當他們變得疏忽怠惰、得過且過時，只會迎來墮落與腐敗。

「當一個人覺得可以在自己的殊榮之上休憩時，從那一刻他就開始在倒退；他必須堅持不懈地努力，一直努力。」托馬斯‧E‧威爾遜這樣說道。他之前是身無分文的牧場工人，後來透過堅持不懈地努力，以威爾遜公司之名收購了蘇茲伯格家族公司，並因此而成為國內的知名人士。

眾所周知，美洲大陸正是因為克里斯多福‧哥倫布堅持不

懈地努力，才被發現的，難道不是嗎？如果沒有堅韌不拔的精神，如果沒有堅持，一個人不可能爬到梯子的頂端。

二、如何培養忍耐力

當然，如果你缺乏耐心與堅持，那麼這節課便無法對你發揮效用。然而，個人的努力能夠也必將會提升某種程度的意志力，而某種程度的意志力提升也許象徵著生命轉捩點的來臨。

據說，在第一次世界大戰中，當聯軍在達達尼爾海峽炮轟土耳其軍隊時，土耳其的彈藥早已耗盡，只要再過幾個小時，聯軍就會看到土耳其軍隊繳械投降，占領很多人為之犧牲的策略要地。無論此事是真是假，都不重要。通常，在美國的商界也存在類似的情況 —— 再過幾天、幾週、幾個月，每況愈下的形勢將會日益好轉，導致下滑的因素將會使你在山谷的另一側扶搖直上。

你知道何時該堅持，何時該放手嗎？

回顧過去生活中的一些小事情，是否有過再堅持一下，就會成功的情況呢？如果有，你需要立刻開始培養堅韌不拔的精神。

一個孩子走出學校，走進了辦公室，6個月之後，他掌握了一些商務知識，開始變得有價值。這時，另一家商務公司發現

了他，提出每週多給他 1 美元的報酬，他走了，去了新的商務公司。6 個月之後，他在新公司學到的東西，基本上是他在舊公司時已經掌握的東西，這時，第三家商務公司提出再給他多加 1 美元讓他跳槽。在第三家公司工作 6 個月之後，他所學到的東西還是和前兩家公司一樣多。這時，有事情發生，他失去了工作 —— 可能是他生病了 —— 他不得不以最初的薪資水準從頭再來。

如果他能夠堅持第一份工作，那麼 18 個月之後，他可能已經對公司很有價值了，在他生病期間，公司會為他保留職位。三年之後，他可能會是替補公司重要職位的候選人 —— 可能會得到大幅加薪。

在你開始工作時，也是這樣不停地跳槽嗎？如果是，那說明你目前很可能還在生意場上不停地左右搖擺，從不堅持一個想法，直到從中發掘出有價值的東西。

首先要找出值得堅持的事情。拿出筆和紙，把你覺得在工作與生活中值得堅持的事情寫下來。

你為什麼沒有堅持住？

其中哪件事情最為重要？

如果兩件事情恰好是朝著兩個不同的方向發展，那麼你便無法同時堅持這兩件事情。

如果你想要培養堅韌不拔的特質，那麼首先要確定一個重

大的方向。然後對自己說：「無論如何，我都要堅持 5 年。」

有些人只能堅持 1 年，有些人能夠堅持 3 年，只有少數人能夠堅持 5 年。如果你只能堅持 1 年，那麼可以先把目標設定為堅持 3 年，最終再由堅持 3 年改為堅持 5 年。

當然，你不會在一匹死馬身上多做堅持；然而，在你放棄之前，一定要確定這匹馬已經死了，因為馬是一種很有價值的動物 —— 就像機會一樣。

另一件要做的事情是一步步檢查你的計畫，看看每步計畫是否合理 —— 是否會成功。

每次在做這件事的時候，如果你確定自己是對的，那麼你的信念會更加堅定，也就更容易堅持下去。四處向人詢問是否該堅持是無謂之舉 —— 這是你自己可以決定的事情，只有你堅信自己的判斷能力，才能得到堅持的力量。

你會這樣做嗎？你會堅定不移地去做嗎？你會立即去做嗎？

第十章
成功其實就是快樂的藝術

　　一個憤憤不平的人在一個團隊中，就好像一個爛蘋果在一籃新鮮的水果之中。

┃一、命運女神只會對微笑的人微笑

　　成功是我們所有人追求的巔峰。

　　我們無法乘坐電扶梯或升降機抵達那裡，無法不付出努力就輕易得到。

　　成功之路是險峻的，險峻得如同懸崖峭壁一般，我們必須付出體力與腦力，勤勉、勇敢、堅定地一步步爬上去。

　　樂觀如同臺階。

　　要盡早學習樂觀的心態。

　　生活本身之外的商業上的成功，其實就是快樂的藝術。

　　重要的是，要讓員工在工作中感到滿意。

　　如今的企業都不會選用脾氣暴躁的管理者、經理人、負責人或是領班，因為脾氣暴躁的監督者只會帶出脾氣暴躁、牢騷

滿腹的員工。

如今獲得擢升的都是樂觀的人，而非易怒的人。睿智的雇雇主會把升遷機會留給好脾氣的熱情員工，因為易怒的經理人絕不會提升員工的忠誠度。

讓一個易怒的人來管理生意或員工，就如同在機器中突兀地插入了一根撬棍。

快樂的老闆是整個工廠的潤滑油 —— 笑聲就是潤滑劑。

退休金、分紅、醫療津貼、事故賠償金、團體保險等補助的意義是什麼？難道不是為了一個終極目標 —— 讓員工滿意嗎？

不滿會導致粗心、冷漠與無效能。

樂觀可孕育出能力。

臉拉得越長，得到的收益越短暫。長期的收益通常屬於那些能夠激發、激勵、鼓舞他人的人。

「我願意用 100 萬美元換取查理·施瓦布的微笑。」年收益 5 億美元的肉品包裝業大亨 J·奧格登·阿默爾（Jonathan Ogden Armour）對我這樣說道。

施瓦布本人並沒有把他的成功 —— 擁有雇員 7.5 萬人，歸結為他擁有陽光般的燦爛微笑。

如果一個微笑值 100 萬元，那麼為什麼還要皺眉呢？畢竟

皺眉不受歡迎。

拉克瓦納鐵路公司曾經解僱了一位總監，只因他無法和諧地與人相處。

很多辦公桌前高懸這樣的格言：「保持微笑是種禮儀，即使見鬼也不要忘記。」亦有哲理。

此外，電話國王西奧多·N·魏爾所說的話「伴隨著微笑的聲音無可匹敵」也有道理。

與流汗相比，微笑能夠讓你在成功路上更進一步。

不論是做生意還是與人相處，所有人都願意接近一個樂觀的人，而非易怒的人。

羅伯特·路易斯·史蒂文森（Robert Lewis Balfour Stevenson）曾經說過：「找到一個快樂的人好過找到五英鎊。快樂的人能夠將快樂傳遞，快樂的人的到來就如同又點亮了一根蠟燭。」

另一位聖賢寫道：「過度謹慎的人長期生活在痛苦之中，而積極樂觀的人的體內則噴湧著一口快樂之泉。」

世界知名採礦工程師約翰·海斯·哈蒙德（John Hays Hammond），曾有一次在紐約大學的課堂上說道：「只有樂觀的人才能成功，正如莎士比亞所說『心曠神怡，整天順暢；哀傷憂愁，一臉憔悴』。年輕人總是心存不滿是件很糟糕的事情。隨著時光的流逝，這些不滿將會變成很重的負擔。一個人如果僅僅因

為別人取得了成功，而自己錯失良機，就總是覺得世界虧欠自己，總是牢騷滿腹，那麼他是一個可憐蟲，他不會得到別人的同情。」

命運女神通常只會對著微笑的人微笑。

如果范德比爾特船長還活在人世，他一定不會奉行「讓大眾見鬼去吧」的格言了，20 世紀的成功人士所奉行的是「讓大眾快樂」。

美國最大的銀行行長法蘭克‧A‧范德利普不會出高薪聘用承認自己交友技能差的人。

一個憤憤不平的人在一個團隊中，就好像一個爛蘋果在一籃新鮮的水果之中。

人類主要的現實目標是追求快樂。

學會樂觀，將會縮短你與快樂之間的距離。

科學研究表明，擔憂、紛爭、憂愁有害健康。

好的精神狀態能夠促進人體的消化與吸收。

樂觀無須花費分文，卻具有寶貴的價值。

不論是對於生意而言，還是對於身體而言，樂觀都是一種資產。

明天的偉人與領袖將會是那些用樂觀武裝頭腦的人。

明智的騎師是不會在馬兒驚恐之時上馬的，因為他知道這

場比賽已經必敗無疑了。

生活這場比賽，最好是在身心輕鬆、愜意自如的情況下進行。

J・P・摩根的創始人曾經說過：「在這個國家中，只有樂觀主義者，才能在最後勝出。」

樂觀與快樂是兄弟。

當其他鑰匙都不能用時，樂觀可以為你開啟一扇門。

二　如何培養樂觀

保持樂觀與遠離擔憂是同一種東西的兩種不同說法，因為就實際情況來看，人不可能同時感到快樂與憂愁。

樂觀是內心的一種習慣，和其他習慣一樣，樂觀也可以培養。有些商家要求所有雇員在接到每一份訂單之後都要說「謝謝」，還有些商家要求雇員在進門時對大家說「早安」，在離開時對大家說「再見」，習慣性地說出這些話，能夠令人或多或少地感到快樂，面部肌肉呈現快樂的狀態，內心也會隨之感到愉快，這是一條實用的心理法則。

憂愁會抹殺快樂。對大小事情都感到憂愁的人，在憂愁的過程中，會為生活中的快樂蒙上一層面紗，擋住幽默的光線。培養樂觀，需要人開展對抗憂愁的行動。

也許你會說：「我不知道要如何遠離憂愁，當事情進展不順利時，我就會忍不住感到憂愁。」

如果你能夠把心思完全放在你所感興趣的其他事情上，你是可以克服憂愁的。

心理學認為，屏棄一種感覺的方法是讓自己沉浸在其他更強烈的感覺之中，而且要「抑制頭腦中湧現的其他感覺」。非常繁忙的人很少有時間去憂愁，如果一停下忙碌的工作，就會感到憂愁，那麼你可以毅然地轉向某種娛樂、某種消遣或是某種體育運動之中，這些方法都是治癒憂慮的良方。

缺少快樂通常源自於自我專注。一個全心投入生意的人，似乎無法停下來享受快樂，也無法讓身邊人知道他內心感覺不錯。相反，他很可能會顯得突兀，會以刺耳的聲音大聲發號施令，全然不知全部的辦公室壓力都來自自己。所有這些都是不良習慣——只要用心努力，就可以在一個月之內改掉這些毛病。只有在嘗試以後，才會知道自己能夠做到哪種程度。

你需要自我檢測的範圍如下：

你是否已經養成了習慣，時常面帶微笑，談吐友善，快樂地說早安，親切地道再見？如果不是，現在就開始培養這些習慣。

你容易感到憂愁嗎？如果會，那麼現在就開始對抗憂愁，不要給自己憂愁的時間與機會。毅然地投入到工作、娛樂、各種形式的體育鍛鍊中，直到你疲倦地只想睡覺為止，當你醒來

的時候，不會再感到憂愁。

　　你是否忽略了別人有權從你這裡感受到愉悅的聲音、溫和的微笑與友善的舉止？除非你能夠改變自己那些惱人的舉止，否則你總有一天會為此付出慘重的代價。

第十一章
團隊合作是巨大成功的基礎

在現代社會中，單打獨鬥的企業無法對抗腦力與資本的大規模合併，只有團隊合作才能最終勝出。

一、企業只會對具備團隊合作精神與能力的人委以重任

在當今社會，除非你是一位善於團隊合作的人，否則很難取得成功。

人類文明建立在團隊合作之上，人類文明就是團隊合作的體現。

原始人不懂團隊合作。每個人都是獨自前去尋找食物；獨自建立茅舍（如果有的話）；獨自縫製腰帶；獨自建造獨木舟（如果要用的話）。每個人都是獨立於他人的個體，可以說，每個人都是自立自足的，每個人的生活都危險、無常、不舒適。

然而，當原始人意識到團隊合作的優勢，並開始運用新的智慧時，他們脫離了純粹的野蠻，開始走上了通往文明的道路。

即便是早期的文明人，其團隊合作也並不多。每個人各自

耕種著一小塊土地，編織著自己的簡陋服飾，坐在自己的牛背或馬背上獨自旅行，建造著自己的私人住所，找尋著自己的（天然）燃料，製作著自己的簡易蠟燭，烘烤著自己的麵包，製造著自己的肥皂。

如今，所有這些事情都是靠團隊合作完成的。

團隊合作使我們住上了好房子 —— 富麗堂皇的公寓式住宅與大型酒店。

團隊合作使我們擁有了機器製作的服裝、鞋子、食品等各類生活必需品與奢侈品。

所有貿易、所有商業、所有工業都源自於團隊合作。

我們的學校、我們的教堂，也都源自於團隊合作。

停止團隊合作，我們將會退回到未開化的生活方式。

然而，團隊合作不會停止。

團隊合作的趨勢將會越來越強。

實際上，這種趨勢將會達到前所未有的狀態。

世界大戰使世界進入了龐大的團隊合作之中。

德國剛開始氣勢強勁而持久，因為獨裁專制的德國統治者使所有國民組成了一個國家級的團隊，所有人都在為了同一個目標、同一個結局而努力。

而聯軍在三年多的時間內都沒有結成團隊 —— 因此付出了

慘痛的代價。不過，最終，多虧了我們的國家統治者。他們推動了合作行動，要求為了保證團隊合作，拋下所有個人與國家的自豪感、好惡與偏見，一致服從一位最高元首 —— 福煦元帥（Ferdinand Foch）的領導。

軍隊代表著至高無上的團隊合作。在沒有團隊合作的情況下，軍隊比暴民好不了多少。他們的全部力量都要用在合作行動上，要求每個士兵與其他士兵完美配合。

而現代商業 —— 大企業 —— 就廣義而言，不正是團隊合作嗎？

誰能實現這種團隊合作？

當然是團隊成員了，除了團隊成員以外沒有人能做到。

以上這些內容都是為了引出一個論點，也就是這一章節的核心論點。

大企業只會對具備團隊合作精神與能力的人委以重任。

紐約國家城市銀行曾挑選了一個有名的外地銀行家擔任副行長之職。銀行同意支付他高額的薪水，也把其他事情都安排妥當了。之後，這位銀行家寫信要求明確知曉自己在銀行副行長名單中的排名情況，並要求強調他的「地位」。他馬上被解僱了。管理者的解釋是：「他不是一個好的團隊成員。」

我曾向一個大型機構推薦了一位能人。管理層被此人的知識、能力與經驗所折服，並表示會重用此人。然而，最終此事

不了了之。後來管理層向我解釋說：「我們仔細觀察了這個人，發現他是個很難相處的人。我們這裡只需要能團隊合作的人。」

「我不知道鋼鐵公司中有誰能夠繼任賈奇‧加里的職位。」一位對這個巨型企業非常熟悉的商人如此說道。

「有能力搞定該企業各個子公司所有總裁及其他重量級管理層的人並不多。賈奇有一支令人滿意且運作良好的大型團隊。」原因是賈奇‧加里（Judge Gary）知道如何激勵並維持他那高薪、高位的助理團隊合理運作。

如果林肯沒有發揮聰明才智，實現了團隊合作，而只靠高度緊張、反覆無常的內閣官員，那麼內戰一定不會那麼快就結束。他是如此強大，足以搞定身邊的那些性格古怪的人。通常，他會忍耐那些被其他身居高位的人看作是奇恥大辱的事情。

這就是成功的團隊成員的祕訣 —— 他從不以挑釁的姿態出現，他從不無事生非，他從不為了維護自己的「尊嚴」免受侵犯而時刻警戒著。團隊成員不能軟弱無能，也絕不會拋棄自尊、絕不會犧牲原則、絕不會背棄自己的觀點與信仰。

團隊成員需要是 —— 必須是 —— 真君子。

然而，這樣的人同時也超越了真君子。

他是一位外交官。他並不固執。他認為其他人，尤其是團隊中的上級，有權持有自己的觀點與信仰。但他也做好了讓步的準備。他並不期望凡事都按照自己的意志發展，也不期望總

能得到自己想要的結果。他胸襟博大，能夠嘗試站在對方的立場看待問題。

此外，這類人還要謙恭、體貼、溫文爾雅。

他至少會樂於滿足別人一半的要求。

他殷勤、體貼、樂於助人。

他會與人合作。

他會更在意如何將事情辦好，而不是事情辦好之後自己能獲得多少酬勞。

他會以家庭、公司、機構、企業的利益為先。在他看來，事業是一個大型機器，每筆生意都會把它推向新的高度。他要繃緊每一根神經，確保生意高效營運，不留下任何後顧之憂，得到最好的結果。

他並沒有把生活、事業、未來視作獨立的個體，並不認為一切要以自己的利益為先，「試圖爭做第一」；而是把自己當成了其中的一部分、一份子。他認為自己的最大職責是促進整體的繁盛，如果整體能夠繁榮昌盛，那麼他作為這個積極、高效、上進的整體的一部分，必然也會隨其一起繁榮昌盛。

他的眼睛與思考很少關注自己，很少關注自己的得失，他更看重的是機構的發展。

他會埋頭苦幹。

　　只要能夠做到這些，只要能夠連續數年堅持這樣做，那麼財富便永遠不會遠離他。

　　機會遲早會出現在他的面前。

　　亨利‧L‧達赫蒂認為最重要的一把成功的鑰匙是與他人相處的能力。具備這種能力的人，具備著成功最基本的特質。

　　「你能舉薦一個管理人才、一個業務骨幹、一個我可以信任的能夠堪負大任的人嗎？」一位商業領袖這樣詢問太平洋海岸木料與汽輪所有者羅伯特‧杜勒船長。老練的船長回答道：「坦白講，如果我知道這樣一個人，我必會收為己用。」

　　我認識不止一位高薪管理者因為無法融入到團隊之中而被迫出局。企業發展需要更多的管理者能夠相互合作，這是大勢所趨。

　　從長遠來看，勝利屬於那些要求不多而收穫很多的人，而不屬於那些拚命想要獨攬大權的人。

　　團隊合作需要具備一定的無私精神。

　　團隊合作需要寬容。

　　團隊合作需要良好的夥伴關係。

　　團隊合作需要親和力。

　　然而，它絕對物超所值。

　　團隊合作是一種資產，沒有它，一個人將會面臨事業的凋

零。那些不願付出的人，那些做不到相互讓步的人，永遠也無法成為真正的團隊合作者。

在現代社會中，單打獨鬥的企業無法對抗腦力與資本的大規模合併，只有團隊合作才能最終勝出。

仔細檢視自己的情況，如果存在不足或缺陷，請馬上著手彌補。

因為如今大規模的成功的重點在於「團隊合作」。

二、如何成為成功的團隊合作者

有些人喜歡與他人合作，喜歡組隊出擊，他們總是想要有個搭檔；也有些人喜歡獨自行動。第一種人通常缺乏獨創性，無法獨立想出方案；第二種人很容易失敗，因為再好的想法，如果沒有足夠的人付諸實踐，也會毫無意義。而在當今社會中，只有透過組織機構，才能將商業想法變成鉅額金錢。無論你的想法是多麼傑出、多麼有創意，必須藉由團隊合作來輔助，否則就算表達出想法，也換不來有價值的金錢。

你會怎樣實現團隊合作？

首先，年輕人無論如何在最初階段也得不到獨自營運生意的機會。他首先需要接受企業的教育與培訓，最佳方案是：挑

105

選一家可以提供給自己最佳培訓機會的企業。一兩美元的薪水怎麼能與這種精選的商業培訓機會相提並論呢？

年輕人，問問你自己，你是否在企業中得到了自己想要的培訓呢？

首先你要注意團隊合作的態度。如果你能夠向企業中的每一位工作人員學習，把打雜打雜工人與老闆都當作自己的老師，從他們身上學習東西，那麼你就具備了作為團隊成員的正確態度。

你是這麼做的嗎？

對於能夠掌控自己的生意並開始認為自己能夠獨當一面的30歲或30歲以上的人而言，擺在他面前的是另一個問題：他應該自立門戶，與其他和自己年齡相仿的年輕人合作，還是應該繼續堅守已經累積了一定客戶基礎的較為悠久、較為大型的公司職位？

這是你的問題嗎？我來告訴你答案。

答案取決於你自己，在你的內心深處，你是否堅信自己到50歲或60歲時，將會掌管這家大型公司？如果你有這種信念，那你就要堅持到底，無論你現在的上司對你友善與否，你的忠心應該獻給公司、獻給生意，如果你的忠心毫不動搖，那麼時機遲早會到來。等到現在的頂頭上司離開，你就可以接替他了，因為即便你的前任主管對你恨之入骨，把你當作毒藥，可

生意要順利營運缺不了你。你對生意的忠誠將會壓制住微不足道的個人敵對情緒，你對團隊的貢獻將會勝過可能存在的個人偏袒行為。

與此相反，如果你在外界看到了更大、更好的商業機會，因為其中流動著新鮮的血液，而你又能夠招攬合適的助理人員（就如同總理只要能夠找到適當的人選，就可以組建內閣一樣），那麼就自立門戶吧。當然，除非你找到了合適的支持者，否則不要這麼做，因為如果沒有合適的支持者，你很可能一開始就會失敗。

你也許是某個行業的專業人士、工程師、專家、出眾的思想家。這幾類人幾乎完全是獨自一人工作的。不過，沒有團隊合作，他們也無法取得進一步的成功，他們的團隊合作應採取另一種不同的方式進行：必須利用外界的大型企業，必須效力於這些企業。律師必須把大型公司作為客戶 —— 他必須追求這類客戶；醫生必須有自己的醫院，也許他在醫院中需要做大量無謂的工作，卻可以因此得到客戶與聲望；工程師必須有自己的建築公司；高效的商務專家必須由成功商人組成的朋友群，以便朋友們能夠支持他、推薦他，而他則要向朋友們免費提供有價值的專業化私人服務作為回報。

寫下來 —— 你會怎樣進行能夠使你取得巨大成功的合作？

尋求、培養團隊合作的態度本身就是一種團隊合作。

第十二章
禮貌會迎來成功

　　各行各業的最大成功取決於和他人相處，取決於尊重他人，取決於行為舉止留給他人的印象。

一、培養禮貌

　　禮貌是紳士與淑女的象徵。

　　我們都希望被視為有教養的人。

　　缺乏禮貌意味著粗魯、蠻橫、野蠻、沒教養。

　　無論在商界，還是在社會中，沒有什麼比禮貌更有利於年輕人上進。

　　真正的禮貌不僅僅是不擺架子，不是虛有其表、不是假裝，也不是虛偽。

　　禮貌行為源自於友善的思考。禮貌不過是親切的另一個代名詞。

　　「謙恭有禮的思想就如同魅力四射的外表一般。」伏爾泰（Voltaire）這樣定義道。

　　無禮是自私的產物，是把自己的利益放在第一位，是對他人感受與權利的踐踏。無禮是一種醜陋的特質。

　　無禮毫無益處。無禮只會招致他人的怨恨。無禮會樹敵，會驅散友誼，會造成疏遠。

　　拉布呂耶爾（Jean de La Bruyère）有一句恰如其分的名言：「禮貌的思想就是要透過我們的言行，令他人對我們滿意，對自己滿意。」此外，「有禮貌的人，其人格一定非常偉大。」

　　如今的雇主都偏愛有禮貌的員工，偏愛懂得如何取悅別人、如何贏得好感、具有吸引力而非排斥力的員工。

　　如今的競爭非常激烈，標準化的商品非常之多，能夠滿足客戶需求的場所非常之多，因此生意的成功與否，可能就取決於雇員取悅消費者或客戶的能力。

　　謙恭 —— 禮貌的另一個代名詞 —— 也許一文不值，卻能夠同時令個人與企業受益。

　　美國鋼鐵公司，這家全球最大的工業企業，正是因其長久以來的謙恭態度而享有盛名。他們的謙恭不僅面向消費者，而且面向競爭對手。這種體貼與周到的謙恭精神，同樣面向企業內部的每位員工。

　　國內另一家巨型企業 —— 美國電話公司的主管從不留用任何一個不禮貌的雇員，持續的粗魯行為會招致解僱。

　　紐約地鐵管理極為不得人心的主要原因，是管理層態度粗

魯、蠻橫、盛氣凌人，他們的態度影響了很多與大眾直接接觸的雇員。

雖然西奧多‧羅斯福的很多公開演說都鏗鏘有力、咄咄逼人，但他私下裡卻是一個非常禮貌、客氣的美國公民。

前總統塔夫脫（William Taft）也具備這種禮貌的個性。

很多成功人士也同樣如此。

緊張煩擾的生活並沒有消磨掉這些巨人的謙恭與禮貌。

對於很多年輕人而言，禮貌是成功的護照。當紐約華爾道夫－阿斯托里亞酒店的喬治‧博爾特（George Boldt）去世的消息頻繁出現在報紙的版面上，各行各業的領袖都前去參加他的葬禮，威爾遜總統還表示弔唁。雖然這個人以前只是一家餐廳的洗碗工，但他卻透過禮貌的言行，成為美國最傑出的旅館經營者。

無數金融界與商務界的領軍人會選擇舉止得體的人做私人祕書，而私人祕書這個職位通常是通向更高職位的墊腳石。

舊時的大學非常重視培養紳士，培養舉止優雅的人，培養關注他人情感與慰藉的人。

現代的大學很少關注謙遜有禮的問題，從而導致很多年輕人傲慢、自大、激進、狂妄，不懂體恤他人。

各行各業的最大成功取決於和他人相處，取決於尊重他人，取決於行為舉止給他人留下的印象。

　　不受大眾歡迎的人不會成為美國總統。不僅如此，如今，就連成功的工業企業、大型的鐵路系統、有影響力的金融機構等等，也不會推舉不受員工與大眾歡迎的人就任總裁一職，無論此人的技術能力是多麼專業。

　　W‧E‧科瑞（William Ellis Corey）之所以被鋼鐵公司免去總裁一職，正是因為他的內部管理方式過於專橫，引起公憤。

　　范德比爾特之所以在鐵路業與金融界都失去了主導地位，並不是因為能力不足，而是因為他那種盛氣凌人、目空一切的態度，把他帶到了不得人緣的境地。

　　很多人都心存誤解，其實蠻橫並不是優越的象徵，而是缺乏常識、缺乏思想、無法掌握生活與人性基礎真諦的表現。

　　我們有時會談論一個人「固有的謙恭」；我們有時會說「禮貌是天生的」。

　　然而謙恭卻是可以培養的。

　　謙恭與禮貌是正確思想結出的果實，是關懷他人、仁愛友善的表現。

　　《聖經》說：「第一將成最後，最後將成第一。」這是對於不禮貌的警告，是對過度自負的警告，是對狂妄自大的警告，是對推開別人、只為超越他人的警告，簡而言之，是對不良舉止的警告。

　　沒有什麼比禮貌更能突顯出孩子的可愛，沒有什麼比厚臉

皮更讓人憎惡。

對成人而言，禮貌更加重要，因為隨著人類文明的進步，蠻橫會越來越受到排斥。

國內一位非常有名的美籍德國人，在戰前從德國歸來後，說道：「看到那裡的很多人都盛氣凌人，我感到非常痛苦。他們的舉止令人憎惡。他們是如此狂暴、驕傲、跋扈，我對他們說恐怕德國人是在自找麻煩──他們是驕傲導致失敗的鮮活範例。」他的話語非常具有先見之明。

對德國的憎惡、怨恨與憤怒，在相當程度上是因為他們在戰爭中表現得全無謙恭與禮貌。他們的表現更像是魔鬼，而非基督教徒。他們的凶殘、野蠻與殘忍，使他們在很多年內被排除在文明的人類社會之外。

禮貌是友善的一種形式──沒有什麼可以跟友善媲美。

不禮貌的人必定是牢騷滿腹、不滿足、不快樂的人。

不禮貌與悲觀如影隨形。

禮貌與快樂是攣生兄弟。

抱怨與悲觀會導致失敗。

禮貌會迎來成功。

我們要培養禮貌。

┃二、如何培養禮貌習慣

禮貌並不是可以隨意穿上或脫下的外衣，而是一種固有的思想習慣，是一種對待他人的本能態度。因此，培養並測試禮貌的最佳方法，是看你如何對待身邊最底層的人。

你是否經常禮貌地對待打打雜工人人，還是從未把他們當回事？電梯管理員呢？來店裡購買價值 10 美分縫線的老太太呢？缺乏禮貌的人從不把下級當回事，和下級說話時總是呼來喝去，表現得盛氣凌人。你是這樣的人嗎？你自己才知道。

美式的商業「服務」理念，其實就是要謙恭友善地對待各種客戶，而並不僅僅是重要的大客戶。舊時的商業理念階級劃分現象嚴重，用今天的話講，就是重視大客戶，忽視或怠慢小客戶。民主原則是始終平等地對待所有人。

看看小雜貨商店的生意趨勢！這表明對商人而言，小客戶是多麼的不可小覷。你永遠無法預測小客戶何時會變成大客戶。因此，商務中的禮貌並不僅僅是要好好對待大客戶，還要好好對待底層客戶與小客戶。

你對待小客戶的態度與你對待大客戶的態度一樣嗎？你自己知道。要坦白回答這個問題。

對於前來光顧的打打雜工人人、速記員、電梯管理員以及其他底層客戶，你可以在他們身上練習禮貌，直到你養成了真

正的禮貌習慣為止。他們並不會介意你起初的拙劣表現 —— 實際上，他們會感激你為他們所做的一切。

如今，你要下定決心令自己在底層雇員之中大受歡迎，邁出第一步，這將會培養出真正的禮貌。這種習慣將會延續到你的所有商務交易之中，為你帶來無與倫比的收益。禮貌是一種無形的東西，它會「使人們喜歡和你做生意」。人們做生意主要是因為自己喜歡，而不是因為什麼理性的原因。

你覺得你喜歡自己的生意夥伴嗎？如果你不是很喜歡他們，那麼可以確定，他們也不會很喜歡你。如果你學著去多喜歡他們一點，如果你努力喜歡他們，那麼一些無形的東西將會影響他們，他們也會開始試著去喜歡你。

你願意從今天開始這樣做嗎？你下定決心要每天堅持了嗎？

有些人缺乏禮貌是因為太過專注於自己的生意，是無心的、無意的。其實，他們的內心是友善的，只是沒有停下來想一想表現禮貌的重要性。

你是這種人嗎？

如果是，那麼停下來想一想自己是否忽略了什麼事情，看看花些時間，努力展示友善，養成友善的習慣，是否會帶來什麼不同。

你會立刻樹立這種觀點嗎？

然而，也許你非常繁忙，以致無法友善地對待每一個人。你是這種情況嗎？你認為這是怠慢許多人的好藉口嗎？

停止吧。如果你自己沒有禮貌待人的時間，可以僱用其他人來替代你。任何沒有時間禮貌待人的忙人，無疑都能夠僱得起祕書，可以讓祕書友善、周到、禮貌地對待每一個來訪者。

你是否認真地告訴過祕書：不僅要像你一樣禮貌，而且要比你有時間時更加禮貌地對待前來你辦公室的每一個人？

如果你沒有這樣囑咐過祕書，那說明你自己還不夠禮貌。

這是一個很難坦率面對的問題。你是否坦然地核查了自己的禮貌問題？

第十三章
要主動創新

所有偉大的成功幾乎都是主動創新的產物。

一、進步需要創新

美國克虜伯公司創始人查爾斯・M・施瓦布在描述大膽創新在其職業生涯中的作用時，曾對我說道：「我花費了 1,500 萬美元研發被美國其他鋼鐵公司拒絕的處理方法。」

商務中的主動創新就如同金屬中的鐳一般 —— 極其稀有，但最具價值。

美國在工業、運輸業與製造業的創新方面，有幸超過了所有其他的現代化國家。

是迷你玩具使美國的運輸系統，比世界上其他國家的運輸系統更為發達嗎？是主動創新、勇敢與一些果斷的工程師，如亨廷頓（Collis Huntington）、希爾、卡薩特（Alexander Cassatt）、哈里曼，還有哈德遜河名人麥卡杜（William Gibbs McAdoo）。

是什麼使美國成為全球攝影業與電影製造業的龍頭？主要是喬治・伊士曼的主動創新，先生產出了上等的乾版，然後創

造出了頂級的相機，最後帶來了與愛迪生的活動電影發明相匹配的一流的電影製造加工流程。

是什麼使美國能夠向全世界供應收銀機？是約翰·H·帕特森（John Henry Patterson）的無盡創新，也就是後來的「代頓市救星」。

是什麼使美國一直處在文明世界打字機製造業的領軍地位？是主動創新，是雷明頓公司（Remington Arms Company）、安德伍德公司（Underwood Typewriter Company）以及其他一些不斷進取的商人。

是什麼人用電報與電話把世界連在了一起？是摩斯（Samuel Morse）、菲爾德、貝爾與魏爾的主動創新，是全體美國人民的主動創新。

全球最偉大的人不正是令人敬仰的愛迪生嗎？他不正是主動創新的化身嗎？

另一個頗有聲望的美國人喬治·威斯汀豪斯（George Westinghouse）推動了安全的高速鐵路旅行，他創造性地提出了利用空氣制動的嘗試。

梅納·C·凱斯這位謙遜的布魯克林本地人創造性地聯通了兩個美洲大陸，使得進步在悄然之中進行，終有一天，他的成就會比同時代人所給予的讚譽更加顯赫。

美國，在全世界人眼中，最具主動創新的特質。

其實，美國的誕生也是因為主動創新，因為有個人表現出了主動創新精神，而這個人就是克里斯多福‧哥倫布。

所有偉大的成功幾乎都是主動創新的產物。

創新的對立面與相反面是模仿 —— 模仿者會受到輕蔑與嘲笑！大眾會譏笑他們為「盲目的模仿者」。

我們為什麼如此尊敬萊特兄弟（Wright brothers）所取得的成就？因為他們是創新與頑強的鮮活例項。

亨利‧福特的地位與知名度在相當程度上應歸功於他在所選領域的創新性。

在第二次世界大戰中，人們大聲疾呼「讓我們主動創新！」一位著名的將軍在西部前線遭遇德軍時說道：「我不知道拿破崙會怎樣拿下這個戰壕，但我知道他如果活著總會找到一些方法。」

現代戰爭在相當程度上是創新性的競爭，即發明新型的毀滅性武器，再發明新式的對抗手段。

世界上有很多模仿者。

我們需要的是創新者，而非模仿者 —— 是領軍人，而非跟隨者。

《聖經》宣告：「沒有夢想，人類就會毀滅。」基督本人就是一個眾所周知的主動創新的偉大例子。

在當今世界上，最有價值的商品就是想法。

想法是主動創新的產物，想法衍生於主動創新。

創新的人考慮的問題總是要超越模仿型的競爭者。

進步需要創新。

一個人可以培養很多特質；有些特質似乎是與生俱來的。

創新是一種難以培養的特質，除非原始的腦細胞善於創新。

然而，就當前的情況來看，我們比從前更需要主動創新。每天在製造業、運輸業與管理業中會出現層出不窮的新問題需要解決。採用老式的規則、模式與裝置是無法解決這些問題的。解決這些問題需要原創的想法，需要足智多謀，需要主動創新。

「我的競爭對手都很想知道我是如何從東方進貨並銷往紐約的，」一位年輕的導線進口商說道，「鐵路禁運與其他障礙對這種商品有很多限制。當然，我並沒有告訴他們我的祕訣。」但他告訴我了，其實沒有什麼，只是在生意的每個階段，利用知識進行卓越的創新。

這就是創新的主要祕訣 —— 知識，了解自己的生意，外加信心堅定地去思量每一個困難，直到想出解決方案為止。

今天，國家與企業對於主動創新能力、對於創新可行的裝置與方案的能力、對於推陳出新的能力、對於針對世界大戰撥亂反正的能力，安排了前所未有的獎勵。

　　古語說，時勢造英雄。而這就是主動創新的最佳時機。

　　然而，這種主動創新的特質與能力並不會從天而降，也不會意外地降臨在某個個體身上：只有在人們做好吸引並接受主動創新的準備時，它才會到來，才會發生作用。

　　換句話講，主動創新並不是上天賜予的禮物，而是學習研究、磨練想像、勇於探索、保持清晰思維的產物 —— 簡而言之，就是要知道如何去做。

　　戰爭重洗了桌面上的牌。更確切地說，戰爭把全球各地人類中的「小麥」從人類的「糟糠」中篩選出來。舊的聲名日益消散，新的聲名逐漸崛起。

　　更高層的極端測試是：這個人能夠主動創新嗎？他能想出一個比舊方法更好的新方法嗎？他能提出一些新式的、有效的方法嗎？他的想法能超越敵人 —— 也就是競爭對手嗎？

　　巴拿馬運河的建造者格塞爾斯格塞爾斯將軍（George Goethals）後來被任命為美國全軍的軍需官，他的工作職責是迅速解決各式各樣的難題，為此，他對那些缺乏主動性的人訓誡道：「你們打算何時採取行動去實現自己的夢想？你們為什麼還不開始？你們在等什麼？你們的勇氣哪去了？你們天生膽小嗎？你們為什麼還不開始？你們正在等待好事降臨嗎，正在等待影響力、等待推動力、等待某人來幫助你們嗎？我的朋友，如果你不行動，不把握機會，不願意冒著失敗的風險，那麼你將會止

步不前。如果拖延精神在你的血液中流淌，如果你已經養成拖延、鬆懈、等待更好條件的習慣，那麼你哪都去不了。你首先要做的事情是開始行動。世界上充斥著失敗者與平庸之輩，因為他們不敢開始，不敢行動。不敢開始將會造就數百萬個無名之輩與數百萬個失敗者的墓碑。」

睿智的阿爾伯特·哈伯德（Elbert Hubbard）說道：「世界只會把最高獎勵，不論是金錢還是榮譽，頒發給一種東西，這種東西就是主動創新。」

英麥曼（Max Immelmann）之所以贏得了不朽的飛行員榮譽，在相當程度上是因為他主動創新了飛行策略，迷惑了空中的敵人。

主管整個英國海軍的艾瑞克·葛德斯爵士（Sir Eric Geddes）在戰前是個名不見經傳的人物；但他很有想法，而且會堅守想法，直到引起政府的注意。最終，政府委派給他一個從屬職位。他一步步地實現著自己的創新想法，最終贏得了世界上最偉大的海軍的最高席位。

第二次世界大戰中，美國華盛頓湧現出的無名之士，取得矚目高位的事件相對較少，部分原因是當時盛行官僚作風、文牘主義、呆板官僚主義。即便如此，商人們還是完成了很多不俗的任務——如今領導者放開了手腳，自然會有更多的人前仆後繼。

在過去的年代中，無論是在軍事方面，還是在商務方面，都沒有如此迅速的晉升趨勢。我們需要的是能夠獨立思考的人，能夠掌握新條件的人，能夠創新方法與程序的人，能夠開拓新管道的人。

你應該拋棄過去的枷鎖，擺脫習俗鏈條的束縛，對自己說：「一切都在變化。我要如何統領並掌控新的規則，而不讓新的規則控制我？」

商務與生活的河流正在迅速改道。你會隨波逐流，不知自己會在哪裡擱淺嗎？

還是會奮發努力，由自己做主 —— 首先調整自己的方向，然後向著目標奮進。

不要做懶惰的浮萍。

要做強壯的游泳者。

不要做追隨者。

要做領導者。

不要模仿。

要主動創新。

二、如何檢測自己的主動創新能力

　　對於一個人而言，兼具其他特質的創新，較任何單一的創新，更具價值。第一種人能夠在行業中提取精萃，而第二種人藉助模仿與篡改必須滿足於僅能獲取少許的利潤差額。偶爾，第二種人會奪取第一種人的創新，因為在現實中，他在細節上的創新要多於原創者。第一種人會在行業中獲取鉅額的利潤，情況通常也確實如此。這是合理獲取鉅額利潤的唯一方法。

　　創新是多種特質的組合 —— 主要有判斷、理想、勇氣。如果你不具備這三種特質，你便不太可能具備創新能力。然而，如果你具備這些特質，那麼創新將不止這些 —— 將判斷與勇氣用到實處，可以實現某人或大或小的理想。還有其他一些個人特質也可以協助你培養出這些特質，比如堅持、熱情、誠信、意志力、團隊合作等。

　　主動創新源於小事情，而非大事情。主動創新無疑會通向財富，卻是成百上千個較小的單個行為的累積。如果新的打雜工人看到椅子放歪了、帽子掉在了地上、墨水瓶空了、鋼筆壞了，他不等吩咐，立即採取主動，他的老闆會說：「那個孩子很主動。」如果他等著老闆吩咐，那說明他缺乏主動性。如果速記員在記錄信件的過程中碰到了不知所云的詞彙，而她具備很好的判斷力與勇氣，沒有憑藉猜測去改寫這個詞，而是在記錄下

這個詞之前，詢問是否需要更換詞彙，這就叫主動性；然而，如果速記員如實地寫下這個詞，事後說道：「我記錄的是你的原話。」這就是缺乏判斷力與自主或勇氣的表現。如果你是一位雇員，無論職位高低，你是會等待別人吩咐去做事，還是會自覺主動地完成應該做的事，或是主動探究自己不確定的事呢？

商務中的創新需要有實驗經費，需要願意付出大量的金錢與毫無回報的努力，只為找出更有效的服務客戶的方法，以超越世界上其他人所能提供的服務。創新者會說：「我想要獨占鰲頭 —— 我想成為行業第一，而非第二 —— 我想對客戶報以比其他人更加燦爛的微笑（而不是假惺惺的甜美），我想在交貨方面比其他人領先幾個小時，我想讓我的商品市價最低，我想要最好的品質（雖然在芝加哥的街上，最為廉價的商場與連餐盤都能賣到 100 美元的優質商場，都同樣可以獲得鉅額的收益，但優質商場的收益會更多）。一一檢視自己的生意，看看你究竟是第一還是第二。如果你發現了自己的不足之處，可以自主創新，看看如何才能勝過其他人。你必須思考，你必須行動，你必須堅持不懈 —— 但最終，你必須證明自己能夠主動創新。」

根據自己的最佳判斷，把這些要點一條條地寫下來。然後，傾注自己全部的意志力，付諸行動去實現理想。

要想知道這節課對你是否有所幫助，證明的機會就是 —— 一次進步一點點。你願意照做嗎？

第十四章
你始終要做到誠信

在生命中的每個階段都能夠做到堅守誠信的人，將會免受生活中半數誘惑與罪惡的毒害。偏離誠信的人將會發現一步錯、步步錯。

一、最好的市場面向誠信的人

誠信是性格的基石。

如果一個人不講誠信，那他將一無是處。

然而，這條歷史悠久的基本美德卻需要被重新發掘，重新推崇。

在商界、政界與外交界通常會無視誠信。

以前的企業及其創辦人做事情時，一定不會想到要以今天的處世方式做事，因為我們已經樹立了誠信為重的標準。

上一代人所認可的政界混亂情況，如今不會再被縱容了；如果繼續嘗試，只會導致失敗、恥辱與牢獄之災。

即便是如今的外交，也要求做到公開、公正、坦率、道德。

誠信不再僅限於守法，遠離牢獄、遠離麻煩。

如今的誠信標準遠遠高於這個水準。

如今的誠信的人不僅會避免違法犯罪行為，而且還要盡量公平、正直，勇於行動與表現。

自從開始這個如群山一樣古老的說教話題之後，我翻開了一本內含誠信定義的書，我發現誠信並不是兩三個詞彙就能解釋清楚的。下面就是書中為「誠信的」與「誠信」所下的定義：

誠信的 —— 可敬的、公平的、正直的、公正的、開懷的、沒有欺騙的、履行合約的、遵從協定的、說話算話的。

正直的、有道德的、耿直的、公正的、真實的、公平的、可靠的、可信的、值得信任的、盡責的、言出必行的。

誠懇的、不虛偽的、徹底的、忠實的。

可敬的、高尚的、可信的、適當的、適宜的。

正派的、簡單的、貞潔的。

誠摯的、率真的、坦白的、無保留的、樸實的。

誠信 —— 廉政、誠實、正直、公平、公正、可信、忠誠、忠心、信用、沒有欺瞞。

可信、真實、老實、說話算話。

誠懇、徹底。

信譽、純樸、美德。

誠摯、率真、坦白、樸實、真實、誠實、開懷、無保留、坦誠、實在。

你能全面理解誠信定義的含義嗎？

前幾天，我去了一家有名的銀行。來客被一一告知某位股東不在這裡，但從我坐的地方可以看到他人就在辦公桌旁。

幾年前，一個男孩去求職，雇主向他逐一介紹職位與職責，其中有一條要求他必須得說謊，最後，雇主問道：「你想要多少薪水？」

「每年 2,000 美元，」男孩迅速回答道，並站起身來。

「什麼？你什麼意思？」震驚的雇主詢問道。

「我的意思是不管你出多少錢也無法讓我替你說謊。」這個有勇氣的男孩一邊走出辦公室，一邊回答道。

幸好，僱用騙子的需求正在減少。如今的雇主很少有不誠信的 —— 誠信的雇主不會僱用不誠信的雇員。

如今最好的市場面向著誠信的人。

以前，不誠信僅被視作書中的負面教材。如今，不誠信會被視作阻礙整個世界活動的負面教材。

當 E·H·凱理首次向鋼鐵信託的老派股東們提出「整個商業，無論是針對大眾、立法機關、勞動者、競爭者，還是客戶，都應在正當交易與誠信的基礎上做到一絲不苟」這個觀點

時，他受到了股東們的譏笑。當凱理發現有些股東一收到季度收益結算表就偷偷離開辦公室，去從事公司股票的買賣時，他大膽地改變了會議時間，以確保在股東們拿到結算數據之前，股票交易已經結束了。這樣，報紙與大眾就可以在股市有所表現的前幾個小時收到消息了。

這種行為需要具備極大的誠信 —— 實際上，除了誠信之外，還要具備極大的勇氣。

誠信對於那些誠實守信的人而言很容易做到。

不誠信通常與貪婪和懦弱結伴而行。

「哦，我們剛開始欺騙，就編織出如此混亂的絲網。」這句話是很有道理的。

過度的貪婪通常會導致某種形式的不誠信，而不誠信又會衍生出懦弱，因為「無欲則剛」。

如果你正大光明，要勇敢並不困難。

就廣義層面而言，當你始終堅持誠實守信時，你根本無須撒謊。

在生命中的每個階段，都能夠做到堅守誠信的人，將會免受生活中半數誘惑與罪惡的毒害。偏離誠信的人將會發現一步錯、步步錯。

拿破崙盜取歐洲最值錢的藝術寶庫之後，所受到的詛咒之

多，不下於針對他非人道的屠殺。

二戰後期，德國軍事貴族「弗勞爾」貪得無厭地強取豪奪引發了世界的憤怒。

在美國工業界，臭名昭著排行榜的首位非賀瑞斯・哈夫邁耶糖業信託莫屬。最終，他的不誠信令他以恥辱收場 —— 人們私下評論，這都是他一手造成的。

金融強盜搶劫鐵路、誘導公司或工業組織已經不再流行。在如今的道德標準下，摩爾家族（The Moore family）、里德家族（The Reed family）、賴安家族（The Ryan family）與約克姆家族（The Yoakum family）已經不受尊重。

如今有權勢的董事們已經轉向了誠信 —— 不論是有意識的，還是無意識的。不過，大部分都是有意識的 —— 他們只想僱用誠信的高管與誠信的雇員。

雇主們已經明白對客戶不誠信的雇員，一旦機會出現，也會倒戈相向，對自己不誠信。欺騙客戶的雇員也時刻準備欺騙老闆，因為不誠信與不忠誠攜手同行。

胸懷大志的年輕人首先必須認識到自己要堅守誠信的道路，無法正確地對待自己，又怎麼能正確地對待雇主。

克制自己不偷、不騙、不拖延工期，是不夠的。

他必須深刻意識到不誠信地度過夜晚，將會使他無法在第二天提供最好的服務。

　　他必須感受到這一點，百分之百的感悟。對雇主誠信，必然會合理利用時間履行職責，一天天、一月月，越來越好。

　　他必須意識到自己無法依靠雇主做到最好，只能依靠自己做到最好——透過自學、自律、理性娛樂、思想進步，無論在工作時，還是在娛樂時，時刻警示自己。

　　虐待別人既是對自己不誠信，也是對雇主不誠信。

　　只有你自己知道你是否對所有事情都保持著誠信。

　　當我對艾奇遜、托皮卡和聖塔菲鐵路公司總裁兼創辦人老練的 E・P・黎普利說到這個話題時，他說：「雖然就理論上而言，雇員在上班時的表現是憑藉工作紀錄來做出評判的，而在下班後又沒有系統性地監測其習慣的手段，然而，如果他尋歡作樂到很晚，那麼從他的外表與工作上是能夠看出這一點的，通常而言，雇主是不願意提拔有壞習慣的年輕人的。」

　　是的，誠信的意思遠遠超出了字典或任何一本同義詞書籍的界定。

　　幾年之前在商界曾被錯當成誠信行為的舉動，經不起今天的檢測。標準石油公司總裁 A・C・貝德福德（Alfred Cotton Bedford）說道：「除非以公平、誠信的方式經營生意，否則從長遠看來，生意一定會凋零。我迫切希望即將步入商界的年輕人能夠首先培養良好的誠信觀，也就是說，無論在何時何地，你的行為都要符合社會責任的最高標準。但是要記住情況是不斷

變化的。20 年前所允許的行為，在今天可能是違法的。這是因為道德思想在不斷進步，理想理念在不斷更新。《聖經》是行為的最好準則。」

在詢問克里斯汀・格爾選擇助手時的標準時，他回答道：「我想找誠信、熱情的真正智者。」可以看出，他把誠信放在了第一位。

「絕對的誠信、正直。」羅伯特・杜勒指出了所有成功事業建立的基礎。

如今，人們必須要堅守誠信。

誠信既包括思考，又包括實際行動。

衡量誠信不僅要靠外在的民法，還要靠內在的道德標準。

「我不想要聰明的人，我只想要樸實、努力、誠信的員工。」法蘭克・A・范德利普向我描述他挑選年薪 2.5 萬美元的雇員時這樣說道。

過去，聰明很值錢，誠信不值錢。

如今，聰明不值錢，誠信很值錢。

為了能夠讓你的服務更有價值，你首先、最後、始終要做到誠信。

任何雇主 —— 任何人 —— 在內心深處，都不願意僱用不誠信的人。

最重要的是，不誠信的人在不眠之夜靜靜地反思時，也不會尊重自己。

誠信不僅會帶來金錢方面的收益，還會帶來內心的平和。

不誠信是下下策。

二、如何培養基本的商務誠信

必須把全部的個人誠信灌注到服務態度之中，雖然我們通常把服務看作是在商業中向客戶提供的東西，而把誠信看作是別人向我們提供的東西，尤其是賣貨物給我們的人，或是我們向其付錢的人。為了方便起見，這節課我們將會探討你作為客戶、買家的態度與作為公司雇員的態度。

我們所有人都要承擔多種職責。有些職責需要我們主動承擔，並全權負責。有些職責我們會較為鬆懈，會以一些藉口或理由強行說服自己只是沒有意識到事態的嚴重性，或是情況改變得太快了。試圖逃避所有小錯誤與小疏忽帶來的懲罰是人之常情，而這正是挑戰誠信之處。盜用公款的人是經過精心設計再從雇主那裡騙錢的。一個人要盜用公款，必定會由於各式各樣的軟弱而陷入困境。當他發現自己把幾條路都堵死了，看不到其他出路時，他就很可能會盜用公款。導火線點燃於第一次軟弱的沉淪，多數人處在盜用公款的初始階段時，往往是允許

自己在這裡放縱一下，在那裡放縱一下，還確信自己永遠不會
跨越這條線。讓我們檢視一下自己，看看我們所處的位置，看
看我們究竟有多誠信。其實，正直沒有級別劃分 —— 要麼是絕
對正直，要麼已經開始腐敗，很快將會自食其果。

　　關於誠信，最重要的是，它是純粹的個人行為。很多人以為
如果無人知曉，尤其是無人在意的情況下，我們的所作所為不
會帶來太大的危害。但是，我們自己知道，當我們開始搖擺不
定就會行差踏錯，我們的靈魂會被腐蝕，我們需要勇氣才能救
贖自己。如果你處在這種情況下，那麼你越快領悟這節課越好。

　　拿出一張紙，如實寫下這些問題的答案：

　　你是否收受過意欲向你的雇主銷售貨物的人送來的禮物？
如果有，那麼你會因為受賄而內疚，無論有多少人這麼做過，
無論受賄的時候是多麼公開，無論你如何對自己強調這樣做並
無危害。

　　你是否經常在有錢的時候延遲支付帳單，以損害他人的利
益為基礎，暫時將這筆錢挪為己用？富有的人經常這樣做，他
們對自己說這是無心之失，因為太忙所以疏忽了；但這與侵占
他人的財產毫無區別。盡快抽時間支付帳單是你的責任，是誠
信的表現。

　　如果你在工作時間時，忽然發現自己現在是孤身一人，沒
有人監督你，而且知道暫時沒有人會來檢查你的工作，你會

感到自由嗎？你會覺得自己無須工作，可以去抽根菸休息一會兒，或是去做些其他的事情嗎？任何無法對自己的工作時刻持有相同責任感的雇員，很容易受到誘惑而變得不誠信，這個問題應該立刻受到重視。

　　這些僅僅是引導性的提問。你必須以自己的方式羅列出自己具體的工作紀錄。

第十五章
健康帶來勇氣、膽識與成就

正如軍隊會把不健康的人拒之門外一樣，如今的雇主也會把不健康的雇員拒之門外。

一、要想取得成功，首先要有良好的體魄

良好的健康狀況對於贏得戰爭至關重要，就如同好槍、好炮、好飛機一樣。

然而，我們在後方也要如同在戰壕中一樣，擁有良好的健康狀況，因為我們的第二防線就是在後方時的生產力 —— 是的，我們的第一防線是在前線，如果第二防線鬆動了，那麼第一防線也無法維繫。

第一次世界大戰期間，不良的健康狀況加速了德國及其盟國的潰散，很多報導記錄了德國人民半飢餓與疾病猖獗的狀態。一支病態的軍隊是無法打仗的。

令美國最為欣喜的是，綜合跡象表明我們士兵的體質與健康狀況都好於歐洲的其他部隊。

據分析，戰爭的最後勝利將屬於那些能夠長時間維持身體

健康且裝備充足的部隊。

　　我們士兵的健康狀況很有保障，而這種保障是其他部隊前所未有的。

　　然而，待在後方的我們，情況又如何呢？我們意識到保持健康的重要性了嗎？

　　今非昔比，健康已不僅僅是個人的事情，不僅僅是宗教方面的事情，不僅僅是雇員對雇主的責任，不僅僅是長輩對後輩的責任。

　　我們的健康現在已是至關重要的軍事考慮因素。

　　怎麼會這樣？為什麼？

　　首先，只有健康的人才能生產必需品，為戰場上的軍隊提供裝備與物資。

　　其次，家中的每一種疾病都會消耗醫護人員的時間與注意力，從而妨礙他們全心為軍事目的服務。

　　不良的健康狀況會減損國家與個人的元氣。

　　當國家投入全部力量與強大的敵人殊死搏鬥的時候，良好的健康狀況是不可或缺的資產。

　　在英國，一度曾因為戰爭急需物資產量銳減而敲響了警鐘。調查表明，嚴重的超時工作以及每週沒有休息日的狀況，正在減損全國勞動者的元氣、效率與健康狀況，為了重新賦予人民

活力，政府頒布法令縮短工作時間，改善工作條件。如果英國人民的健康狀況到了無可挽回的地步，那麼在美國向同盟國發起致命攻擊之前，以英國為首的協約國必然會輸掉這場戰爭。

無論是在戰爭時期，還是在和平時期，一個國家的真正財富與真正實力並不僅有物質資產，更重要的是其國民的健康狀況——強健的男人、結實的女人、快樂而健康的兒童。

只有強健的人——眼清目明、精神穩定，才能夠趴在戰壕裡，利用完美的射擊技術消滅敵人。只有體魄健壯的人才能夠使用各種武器，以精準的角度瞄準，適應現代戰爭的需求。只有體魄健壯的人才能夠在飛機上、在坦克裡、在肉搏戰中，戰勝受過訓練的敵人。

每一個生病的士兵都是軍隊的弱點。每一個生病的公民都是國家的弱點。

病人只能消耗，無法產出。他們消耗的不僅是食物與藥品，還有醫護人員的時間與服務。

在戰爭時期，如果是在可以避免的情況下生病了，那就是不愛國，就是對國家犯罪，就是在幫助敵人。

古代的偉大智者塞內卡（Lucius Annaeus Seneca minor）說：「人們不會死；他們只會自殺。」

紐約市公共衛生局告誡人們：「要保持健康，不要破壞健康。」

　　人由身體和思想（或靈魂）組成。身體是我們執行思想命令、指令與要求的載體。

　　如果我們的載體出了問題，如果我們放任載體受損，那麼它們將無法完成思想的要求。

　　詩中說：

愛、榮耀、財富、力量，
都無法給予內心快樂時光，
要及時醒悟，一旦失去健康，
所有歡娛的感覺也會隨著健康飛逝。

　　健康意味著高效能。

　　疾病意味著無效能。

　　健康意味著樂觀、開心、快樂，充滿樂趣地生活著。

　　疾病意味著悲觀、沮喪、痛苦、不滿。

　　健康可以帶來勇氣、膽識與成就。

　　疾病將會導致緊張、恐懼與失敗。

　　健康能夠激發活力，給予人力量。

　　疾病將會損耗元氣，令人衰弱。

　　患病的人會太過專注於自己的痛苦與病情，以至於不能為他人著想或幫助他人。

　　很多人認為果卡斯在巴拿馬為人類所做的一切，比格塞爾

斯所做的事情更為重要。格塞爾斯對世界宣稱那裡將會建起一條運河；果卡斯宣稱科學能夠讓受到疾病侵襲的高燒不退的國家得到健康，變得適合居住。

如果沒有健康，不論是國家還是個人，都無法達到巔峰狀態。

健康是我們最寶貴卻又最不重視、經常濫用的財富。

在所有疾病中，大概有四分之三的疾病是自己引發的，也許是因為自己的某種不明智的、輕率的、未經考慮的行為，也許是因為父輩的原罪而遺傳了「甚至會延續三四代人」的疾病。

班傑明‧富蘭克林說過：「要延長你的壽命，先要減少你的食量。」這句名言很有道理。

再引用紐約市衛生局的一句話：「公共健康是可以買到的。在自然極限的範圍內，一個社群可以決定社群內的死亡率。」

過去還沒有國家、企業與個人忽視過如此重要的問題。

在美國常年有 300 萬人罹患重病，據統計，這會消耗國家 60 億美元，除了實際的貨幣之外，還有流通的金銀與支票！

然而，人們已經聽到了警鐘。戰爭需要對抗所有可能引發疾病的力量。透過對數百萬達到入伍年齡的人進行體檢，國民意識到全境都需要採取預防措施。

強健體魄的重要價值引起了前所未有的重視。

　　所有人突然意識到，健康不僅是個體可以擁有的最高財富形式，而且是我們對抗外來敵人的基礎力量，是我們國家安全的基礎，是國人立足於世界各國人民之間的基礎。

　　我們當中有多少人會像關心財產那樣關心健康？浪費金錢與浪費元氣、健康及生命相比，孰輕孰重？

　　我們注重維護汽車良好的執行狀態，我們注重維護鋼琴的音色，我們注重保養刮鬍刀的刀刃。

　　我們是否也同樣注重維護身體良好的執行狀態，像維護健康的完美音色、像保養刮鬍刀一樣注重心態的保養？

　　每個政府與個體的首要目標應該是達到古聖賢所說的狀態「健康的身體中要有健康的思想」。

　　如果沒有健康的身體，就不大可能擁有健康的思想。因為經驗讓我們明白：如果我們濫用身體，如果我們過度疲勞，如果我們超越了身體的極限，那麼思想將無法充滿活力且興致勃勃地自發運轉，它會變得萎靡、麻木、倦怠、低效率。

　　正如軍隊會把不健康的人拒之門外一樣，如今的雇主也會把不健康的雇員拒之門外。

　　世界各地的很多大型企業很重視體檢的結果，都要求員工在就職之前進行全面的體檢，這種做法很快將會成為通行做法。一些進步企業還會集結全體員工進行年度體檢或半年度體檢，要求思想、身體與經濟得到全面的健康發展。如何保持最

佳的健康狀態？

古語說得好：「良好的品行意味著良好的健康狀態」。

下面是十條簡單的「健康戒條」：

好習慣。

好食物。

充足的睡眠。

清新的空氣 —— 深呼吸。

充足的運動。

充足的水分 —— 外在與內在。

合適的穿著。

正確的思想。

工作。

不要憂慮。

最好記住赫伯特‧史賓賽說過的一句話：「要想在生活中取得成功，首先要有良好的體魄。」

二、如何打造強健的體魄

誠然，有些人天生強健，有些人天生體弱。這種情況無可避免，但是，我們每個人都可以精煉自己現有的體魄。毫無疑問，體弱多病的人透過鍛鍊與呵護也能打造出強健的體魄。

143

我們大多數人都有很好的先天條件，只要我們能夠善用現有的條件就可以做到。我們的問題都是因為養成了難以改掉的壞習慣，或是遇到了難以擺脫的惡劣條件。

你是否知道 —— 你是否想過 —— 影響身體健康的因素有哪些？大多數人都是在得了重病以後才開始思考這個問題，這時才探究之前對身體的濫用已經太晚了。等到這個時候才想辦法不是太愚蠢了嗎？現在就來和我一起檢測一下你的身體情況吧 —— 如果有需要，也可以在醫學專家的幫助下進行。

你的肌肉情況如何？你能夠小跑一英里（1 英里 ≈ 1.609 公里）嗎？你能夠手抓門框做引體向上的動作嗎？你能夠平躺在地上，快速連續地做 10 個仰臥起坐嗎？如果你能，那麼你的肌肉情況還不錯。如果不能，你需要系統的肌肉練習，從一組肌群擴展到整個身體。每天早晨鍛鍊 15 分鐘，或是每週以正確的方式進行多種等量的運動，可以幫你強身健體。

你的消化情況如何？通暢、健康、規律，體重正常穩定？還是有脹氣、便祕、體重減輕等其他問題？你在服用消化類藥物嗎？任何服藥的人都沒有找到正確的方法。治療消化問題的唯一方法，也是最徹底、最有效的方法是正確的飲食 —— 簡單、適量、營養均衡，多吃富含維生素的水果與綠色蔬菜，以及一些粗糧，如麥麩與粗穀物；不要像很多美國人那樣大量吃肉，也不要像很多年輕人那樣大量吃糖。

　　你的肺部情況如何？你在冬天會感冒嗎？如果感冒了，那是你自己的錯，而且感冒會引起肺炎或肺結核，這已經成為當今美國的兩大疾病。首先，看看你的胸腔擴張是否正常，應為 3 ～ 4 英寸（1 英寸 =2.54 公分）。其次，你可在戶外睡覺，白天時要坐在通風的辦公室中（毫無疑問，這些事你需要逐一學習，只要稍加實踐即可）。

　　你的神經情況如何？你的睡眠好嗎？你會憂慮嗎？你需要放鬆神經，需要休息、娛樂與社交 —— 任何可以適度鬆弛長期緊繃的神經的活動，需要適度睡眠（不要過多或過少）。如果你能夠按照這些要求去做，那麼無須從根本上改變生活方式，你即可擁有健康的神經。

　　很多人說自己沒有鍛鍊的時間（每週 3 小時的正確運動能夠保持良好的身體狀態，你是說你每週連 3 個小時的時間都沒有嗎）；說自己無法控制飲食 —— 必須食用公寓提供的飲食（但那個人一點創意也沒有）；說自己無法忍受寒冷的新鮮空氣，而且不知道該如何放鬆神經（出去運動，直到出汗為止，這樣也可以放鬆神經）。你是這種徬徨無助的人嗎？你一定不會認同吧！如今，是否要改善這個不良習慣取決於你自己 —— 現在行動吧。

第十六章
口才對到達成功的巔峰至關重要

沒有雇主願意僱用對俚語情有獨鍾的雇員,其他人也一樣,他們更願意僱用那些用詞貼切,能夠清楚表達自己的思想,且聲音和藹、悅耳的雇員。

一、讓你的言語總是優雅和善

你的舌頭就是你的舵。

它掌控著你的生活路線。

你的舌頭同時也是你的精神指引。

語言能夠反映出你是否受過教育,是粗俗還是優雅,是細心還是粗心,是刻苦還是草率。

《聖經》把舌頭形容為「難以駕馭的器官」,因為它很難控制。

如果一個人無法控制自己的舌頭,那麼他便難以取得恆久的成功。

掌控舌頭與言語對於成長和進步至關重要。

學習何時開口不會「失言」。

把完整的自我，最佳的自我，灌注在語言之中。

我們的舌頭是常伴我們左右的廣告。

透過舌頭，我們可以宣告自己是什麼樣的人，能夠提供什麼。

如果我們像鼓一樣響亮而空心，那麼我們的舌頭將會揭示真相。

如果我們沒有教養、內心粗野，那麼我們的言語將會出賣我們。

如果我們思想倦怠、萎靡、散漫，「難以駕馭的器官」將會表露無遺。

另外，如果我們熱心、警覺、嚴謹，如果我們學識廣博、充滿智慧，我們的言語也會忠實地表現出來。

語言藝術是所有藝術中最重要，同時也是最容易被忽視的。

語言藝術與寫作表達藝術息息相關。

這兩種藝術 —— 說與寫 —— 構成了人類活動、商務與社交的大部分內容。

很多年輕人因為自己出色的語言與寫作能力獲得了晉升。

在公共生活中，口才藝術對於到達成功的巔峰至關重要。

那麼，人們為什麼會如此輕視培養恰當的語言習慣呢？

主要是因為正確言談的重要性還沒有得到廣泛的認識。

一個人可能會乾坐在那裡，啃咬 5 分鐘鉛筆頭，卻仍想不出如何寫出一個簡單的句子；同樣是這個人，卻可能在 30 秒內出口成章。

原因在於寫作文法的重要性得到了人們的認識，而言談文法的重要性卻沒有被人們所認識。

在談話時，很多人懶得組建正確的句子結構。他們把湧到舌尖的詞彙脫口而出，完全不考慮這些詞彙表意的準確性。

沒有受過教育的人一般都有幾個固定的詞彙，他們會翻來覆去地使用這些詞彙，無論這些詞彙的使用是多麼不合時宜。他們懶得思考用哪個詞會比較合適。

然而，即便是受過教育的人，無論老幼，也經常會在言談中濫用一些老套的、不恰當的俚語。

很多人每天會使用常見的一兩個形容詞或是感嘆詞，卻經常用錯。

忽視培養正確語言習慣的根本原因是什麼呢？

懶惰。

年輕人總是以為一開口能蹦出幾句俚語是極度機智的象徵。還有些人使用俚語主要是因為欠缺考慮，他們沒有考慮到這樣說話會讓他人留下怎樣的印象。

對於正常人而言，符合文法的表達與溫和悅耳的聲音是可以培養的 —— 是的，音調可以刺耳也可以悅耳，可以尖銳也可以甜美。

對於關注語言重要性的認識還處在人類文明的起步階段。

《智慧之書》（*The Book Of Wisdom*）中有這樣的句子：「溫良之舌是生命之樹」，「讓你的言語總是優雅和善」，「睿智之舌是健康」，「卓越的言談可以令人不愚昧」，「舌頭的力量掌控著生與死」，「義人的舌，乃似高銀」。

如果卓越的言談與愚昧相悖，那麼粗劣的言談與智慧也非同路。

由於我們都渴望 —— 或者說應該渴望 —— 具備不錯的理解力，因此養成良好的語言習慣明顯是我們的責任。

沒有雇主願意僱用對俚語情有獨鍾的雇員，其他人也一樣，他們更願意僱用那些用詞貼切，能夠清楚表達自己的思緒，且聲音和藹、悅耳的雇員。

我注意到一些連小學都沒有上過卻非常成功的金融家與行業領袖，他們的用語都非常準確，他們清楚地了解到如果想要被當成受過教育的人，如果想要給人留下好印象，那麼一定不能使用粗俗的用語。

約翰‧D‧洛克斐勒在選擇詞彙時十分講究，不亞於從前挑選石油的時候。

　　雖然安德魯·卡內基在幼年時受過的教育非常少，後來卻成了出色的演說家，他還寫了幾本書。

　　鞋業製造商威廉·L·道格拉斯雖然從未接受過基礎教育，卻成為麻薩諸塞州的州長。

　　汽輪與木料業的領軍人羅伯特·杜勒船長在年輕時不會寫字，但後來他的說寫能力都很出色。他的《回憶錄》非常值得一讀。

　　在我所交談過的所有商人中，我最喜歡聽國際城市銀行總裁查爾斯·E·米切爾（Charles Edwin Mitchell）講話。他說出的每個句子都直入主題、發人深省、鏗鏘有力。他傳遞了熱情，激發了挑戰欲。在與他交談之後，你會想要衝出去，把日程表上最難解決的問題解決掉。雖然米切爾先生確實接受過良好的教育，但他言行中的活力與力量並不僅僅都是因為他所受的教育。

　　成為健談者的最佳方法是先學習要如何說話。

　　縝密的思想必定先於縝密的談話。

　　空洞的思想只會導致空洞的談話。

　　學習良好的談話方法能夠提升思想，一旦你把注意力集中在自我提升方面，將會在各個方面取得顯著的進步。實際上，專注於改善自身言語的人，還能在無意之中使自身的其他方面得到提升。

二、如何培養語言能力

駕馭語言需要分別學習幾個不同的方面。

音色與發音；

詞語的選擇；

拼寫、語法、發音等專業知識以及句子結構、段落與整篇文章。

你的聲音甜美、流暢嗎？聆聽自己說話幾分鐘，聽聽你的聲音是否「如音樂在耳」，是這樣嗎？拿起一本書，大聲朗讀一個段落。如果你的聲音尖銳刺耳、忽大忽小，那麼壓低聲音，直到能夠以純淨、平穩的音調朗讀書中段落為止。然後透過以下母音強化練習：a-a-a-a-a-a，ah-ah-ah-ah-ah，e-e-e-e-e-e，o-o-o-o-o-o（I 和 U 是複元音，不適合這個練習）。經過每天幾分鐘的練習，你很快就會擺脫那種困擾很多美國人的尖銳而刺耳的音調。

你的發音準確嗎？你自己是聽不出來的。你已經聽慣了自己的發音，覺得沒有什麼問題。你可以去找一個發音平穩、悅耳的專業人士，讓他朗讀書中的幾個詞，然後你跟讀，然後再讓他朗讀整個句子，你再跟讀，依此類推。學習他對每個詞彙的發音，與你的發音做比較，或是讓他糾正你的發音。這樣，你至少可以學到清晰的發音，除此之外，可能沒有其他方法了。

　　詞語的選擇取決於是否擁有好的詞彙，是否能夠有效地利用這些詞彙。拓展詞彙的最佳方法是特地去閱讀一些好書，注意書中的詞彙及其用法。很多人缺少的並不是龐大的詞彙量，因為即便他們使用了很多詞彙，別人也未必能夠理解。他們需要的是如何透過比喻、強調與列舉等修辭方法，善用現有的詞彙。文學大師，尤其是小說家，會把這些有效的修辭方法應用在他們的著作中。而學習這些表達方式的最佳方法，是每天抽出一個小時的時間去閱讀他們的著作。你有這種閱讀習慣嗎？在你閱讀的過程中，你注意過作者的表達方式嗎？如果是在寫作，最好的辦法是運用想像力，想像讀者正坐在你辦公桌旁的椅子上，這樣，你可以假裝是在與他面對面地談話。最佳的書信寫作就是紙面上的謹慎談話，只有你想像著對方在你面前，你可以注視著他的雙眼，才能透過手中的筆與他交流。在如今的寫作與公開演講中，最可行的方法就是採用對話的形式。律師已不再是「演說家」，他們只是在以商業形式與陪審團交流。牧師是在與信徒交談，而不再是向他們訓誡布道。寫信是最簡單的紙面交流形式，交流時必須謹慎。口述信件是鍛鍊謹慎交流能力的最佳方法。你在寫信時，是否想像過對方正坐在你的面前？你會從今天開始培養這種習慣嗎？

　　掌握拼寫、語法及標點等專業知識是受過教育的人的主要象徵，一個人的受教育程度有 99％是透過這些來判斷的。你

的問題在於你並不知道自己對這些知識的掌握情況。首先，你要檢測自己，看看你的文法是否達到了學校的標準，是中學標準、熟練速記員的標準，還是大學生的標準（最高標準）。你會寫「all right」還是「alright」（後一種寫法通常是絕對錯誤的）；「between you and me」還是「between you and I」（後一個是錯誤的），「each of those boys and girls are working hard」還是「each of those boys and girls is working hard」（前一個是錯誤的），在下列情況下，你會在「who」的前面加逗號嗎？「The man who gave me this book is named, Jackson」（不應使用逗號）。「That big man who is standing just on top of the upper step is the president of the bank」（在「who」之前與「standing」之後，應該新增逗號）。以上是五個簡單的例子。如果你內心明確知道應該選用哪種形式，那麼你的語言知識相當不錯。如果你對所有選項都感到猶豫不決，那麼你的語言功底很不扎實。如果你能夠確定其中的兩三個選項，而對其他猶豫不定，那麼你需要參加培訓課程。你可以透過寫信（自我糾正）來練習，達到良好的初級英語課程的程度。很少有人在學習語言時是從基礎學起，而這正是他們應該做到的。

第十七章
偉大的成就是
從熱情之泉噴湧而出的精華

　　只有熱衷於奮鬥的人才有希望鑄出一串合適的鑰匙，並用正確的方法把它們組合起來，開啟通往成功的大門。

一、熱情是成功的催化劑

　　髒汙的礦石經過高溫的熔鍊，就能變成閃亮的精鋼。

　　熱情像一股強大的電流，讓行動的引擎保持高速運轉。

　　遲鈍冷漠的頭腦永遠產生不了才華橫溢的設想。

　　三心二意的態度也決不會換來全面且徹底的成功。

　　熱情是安裝在「進步」這艘航船上的螺旋槳。

　　任何偉大的成就，無不是從熱情之泉噴薄而出的精華。

　　碌碌無為必然是冷漠之樹注定結出的果實。

　　傑作只能在熊熊燃燒的思想火焰中誕生。

　　「學問必須合乎自己的興趣，方才可以得益。」洞明世事的莎士比亞曾經寫下這樣的話語。

　　而人類的事業無論大小，都是從熱情這一母體中孕育出來的。

　　遍尋史蹟，你會發現每個偉大的商業組織的建立者和奠基人都是不折不扣的熱情主義者，是那種不達目的不罷休的「偏執狂」，他們完全信賴自己的力量，對「一分耕耘，一分收穫」的理念有著堅定不移的信仰。

　　標準石油公司，這個史上最龐大的、誕生於個人設想基礎之上的工業組織，就是著名的「狂熱分子」約翰‧D‧洛克斐勒創立的。

　　前無古人、後無來者的「菸草大王」詹姆斯‧B‧杜克，在其一文不名的青年時代告訴自己：「我會在菸草行業取得像洛克斐勒在石油行業那樣巨大的成績。」正是這種無與倫比的熱情促使他一路走向成功。

　　如世人熟知的那樣，亨利‧福特一直是熱情主義者的典範。在困苦失意的沮喪時刻，他面臨攻克汽車引擎技術的緊要關頭，正是取之不竭的熱情把他從失敗的邊緣挽救過來。

　　銳不可當的熱情主義者愛德華‧H‧哈里曼曾經宣稱：「只要讓我成為公司的 15 名董事之一，我就會把所有的事務承擔下來。」在一次著名的商業調查活動中，他對一位檢控部主任說：「如果您同意的話，我會把這個國家的每一條鐵路都買下來。」在短短的 12 年中，透過奮鬥，他從默默無聞的小人物一舉變為

世界上最有實力的鐵路大亨——而且，在生命的最後10年裡，他幾乎每個月都有100萬美元的進帳。

著名的礦業工程師約翰·海斯·哈蒙德曾經告訴我：「我寧願穿越沙漠或者爬上高山去視察一片新發現的礦藏，也不願把白天或晚上的時間浪費在諸如看戲這種只要走過大街就能做到的娛樂活動上。」

讀到這裡，您可能會想起羅斯福總統，是的，當人們問他是怎樣應付白宮辦公室裡煩冗的日常工作的，他的回答是如此簡單：「我喜歡我的工作。」

是什麼讓比利·桑戴（Billy Sunday）成為一名蜚聲全國的福音傳道者？

是什麼力量把羅伯特·皮里（Robert Peary）帶到了遙遠的北極？

是什麼支撐著愛迪生夜以繼日地從事繁重的發明工作？

這些人不正是熱情主義的典型代表嗎？

古希臘人把熱情比作一位存在於每個人身上的神明。

歷史難道沒有向大家證明嗎？有了熱情，即使是那些看上去只有「超人」才能做到的事情，也會為普通人所攻克。

熱情如同發電機一樣，源源不斷地供給我們能量。

熱情主義者自然而然地被熱情推著向前走，不需要任何人

拉他們一把，因為他們始終走在最前列。而遊手好閒的麻木的人，則被遠遠地甩在後面。

漠不關心和愚昧無知注定失敗，熱情探究和積極求知才會引發成功。

為什麼國民商業機器公司、英格索爾手錶公司、西蒙斯五金公司等以進取和擴張聞名的企業，堅持保留為業務員舉行集會的傳統？箇中原因簡單說來就是為了激發與會者的熱情，點燃其內在的野心，促使他們加倍努力。

如今的企業雇主已經無法保證公司所有重要職位的負責人都是對工作充滿熱情的人。

為了喚起足夠的熱情，你必須相信自己所做的事情是正確合理、必將取得成功的，並能為社會帶來一定的益處。

喬治・W・珀金斯（George Walbridge Perkins）開始曾經拒絕了成為 J・P・摩根的合夥人的邀請，他對我講過事情的原委：「我相信人壽保險的真正價值，並對這個行業本身充滿熱情，而不是單純為了賺錢。」一年之後，他最終成為摩根公司的一份子，也是因為人家接受了他的條件，允許他繼續在保險行業發展下去。

一位鮮為人知的雕刻家曾告訴我：「盡力創造一些美麗的作品比收到百萬美元的報酬更有意義。」這位藝術家的生活常常窘迫到連下個月的房租都付不起 —— 然而他的作品之一，卻被作

為禮物贈送給法國政府，並且即將在羅浮宮得到一個永久性的展位。

熱情是成功的催化劑，是照亮靈感的明燈，是溫暖孤寂的奮鬥之路的火把。

熱情也是生活和工作的調味劑，有了它的調適，單調的細節有了色彩，枯燥的過程變得有趣。

失去熱情的人，同時也輸掉了比賽。

長久保持生命活力的萬靈藥，是時刻保有熱情。

熱情使你的心跳加快、雙眼放光、行動敏捷。

冷漠是懶惰的孿生兄弟。

對於懶惰者來說，成功的門檻太高聳、太陡峭，不適合他們攀爬。

只有對奮鬥充滿熱情的人才有希望鑄出一串合適的鑰匙，並用正確的方法把它們組合起來，開啟通往成功的大門。

二、怎樣培養熱情

熱情，是從事商業的人的性格基石。在進行推銷活動、寫推銷信或者創作廣告的時候，這種品質顯得尤為重要。

多年以前，一位 16 歲的男孩走進 A・W・蕭（Arch Wilkinson Shaw）公司的辦公室，希望得到一份通訊員的工作。他被錄用後每週的薪資定為 12 美元。這個男孩 14 歲就離開了學校，幾乎算不上受過教育──尤其是缺乏擔任這一職務所必要的一些知識。但是他對自己的工作充滿了熱情，不久，他寫出的熱情洋溢的商業函件就為公司帶來了大量的訂單。人們閱讀他的文字時被他的熱情深深感染，他們會很想為這個年輕人做些什麼，而最簡單、最合適的做法莫過於填寫一張訂單表格並郵寄回去。

就這樣，三年之後，男孩的薪水達到了 2,500 美元。當他準備跳槽到一家待遇更優的公司時，蕭先生向他承諾，只要他留下來，就可以得到公司業務總量（主要靠他的推銷信函之力）2%的佣金。就在那一年，公司的業務攀升到近 40 萬美元，男孩的佣金理所當然地達到了 8,000 美元，這完全是憑藉他本人熱情積極的工作態度賺來的一筆財富。

如今，這位年輕人作為皇家服裝公司的銷售經理，每年可以得到 25,000 美元的薪資。

那麼，親愛的各位讀者，怎樣才能培養出自己對某項工作的熱情呢？

首先，請說服自己，你的身上具備著令自己產生熱情的東西。如果你身處自己無法喜歡的行業中，堅持留下來就未免顯得愚蠢了。因此，請專心從事一項自己喜歡並且對其前景充

滿信心的工作，然後看看透過你的努力工作能為社會大眾做些什麼。

下一步，克服個人性格中任何過於謙遜或者柔弱膽怯的傾向。

有些人認為對個人能力過於自信和宣揚未免有自大之嫌，如果你本身就具備一定的能力，總會自然表現出來，從而為人所知的。然而，事實並不是這樣，事實恰恰驗證了「酒香也怕巷子深」的說法。

在美國，對某人的評判往往以其思想和言論為依據，就算大眾對這些說法也會抱有一定的懷疑態度，但個人的自我評價絕對是別人評判你的主要依據。

假設公眾利益是一塊大蛋糕，如果你能夠提供大眾需要的產品或者服務，那麼就相當於幫了大家的忙，大眾就會根據你對社會做出的貢獻給你相應的回報。

實際上，大部分商業大亨都是利用一些特殊的自我激勵方式把對事業的熱情從內心深處「抽取」出來的。

激發熱情的最好方法之一，就是在紙上寫出你心中所想的，無論你是在構思一封推銷信，還是在準備一場以推銷為目的的會談，甚至是申請某個比較重要的職位，都可以利用這個辦法把你的熱情保持在適當的狀態。

你為什麼要熱衷於某件事？請坐下來，找出紙筆，一一列

出你的論點和論據，盡最大所能把內心迸發出的熱情訴諸筆端，傾注到你的措辭、語氣和文章的整體氣勢中去。

　　然後，請細細檢查一遍整篇文字，看看它是否只是一些空有熱情、毫不涉及實質的廢話。空話不是真正的熱情 —— 僅僅是對熱情的模仿。只有面對真實的事物才能產生真正的熱情，而且僅限於那些值得你付出熱情的事物。

　　如果你發現寫下的空話較多，不妨再試一次，這次請把一些有說服力的事實加進去，用熱情洋溢、堅定不疑的語氣，把這些事實對自己講述一遍。如果能天天進行類似的練習，你一定會發現自己正以令人驚詫的方式，對某件事物建立起全面而長久的熱情。

第十八章
信譽是個人和企業的重要資產

信譽往往和善意緊密連繫在一起，它們不僅能為你開啟事業成功之門，還將親手為你開啟天堂的大門。

一、個人的名譽有時比公司的信譽還要重要

信譽是個人和企業的重要資產之一。

在某些公司資產負債表上的「信譽」一欄中，往往填寫著數百萬美元的價值，F・W・伍爾沃斯公司對其自身信譽的估值，竟然高達 5,000 萬美元。

一些產品製造商 —— 比如衣領生產商 —— 認為信譽的價值高於整個工廠的資產價值。

信譽，作為一種商業意識，相當於一個人的名譽。

良好、持久的信譽，不是憑著廣告或者花費數百萬美元對某種產品或者某個公司的優點自我宣揚一番就能換來的。

而一旦失去信譽，則如黃鶴西去，通常任你怎樣努力，都無法再次將它挽回，正如諺語所說：「名譽一毀，萬難挽回。」

　　個人的名譽有時比公司的信譽還要重要。

　　信譽大致可以分為兩種，一種是發自每人內心的自我感覺和自我評價，另一種是我們對別人的感覺和評價，反過來說也包括別人對你的評價。

　　為了贏得良好的信譽，我們必須表現得名副其實。

　　獲得信譽如同耕種莊稼，想要長久地收穫信譽的果實，必須提前付出百倍的辛勞。

　　「種瓜得瓜，種豆得豆」。如果我們對待別人心懷反感和憎恨，毫無一絲寬容與慈悲，如果我們的心靈與猜疑為伍，那麼，我們必定會在他人身上激起同樣的反應和情感，別人也會這樣對待我們。

　　有人把身邊的世界比作是一面鏡子，有人把它比作是山谷中的回音，還有人將它比作一間銀行。世界是我們自身形象的倒影，是我們言語的回音，我們有怎樣的付出，它就會加上利息，成倍地返還我們。

　　換言之，每個人都是自己世界的締造者，無論天堂或是地獄，都是我們親手造就，就像親自整理的床鋪，無論舒適與否，只能自己去躺，無法與別人交換。

　　從這些方面看來，把「信譽」形容為所有快樂的泉源，並不為過。

　　耶穌基督曾向世人宣告，他的使命就是將平安帶給「世間上

神所喜歡的人」，而神所喜歡的必然是一個擁有良好名譽的人，一個守信的人。

沒有良好的信譽，我們就無法平安快樂地享受生活。

很多強而有力的人物，包括擁有巨大財富的商賈，獲得地位、權力、財富的方式可能不為其同胞所贊同，他們也都喜歡表現得毫不在乎世人的評說。

「我不在乎民眾怎麼想，也不在乎他們說些什麼。」美國最著名的金融家之一曾經這樣說過。

早年的 J‧P‧摩根也曾用類似的言行表現自己的清高，喬治‧F‧貝克直至今日還在這樣做。

實際上摩根先生極度關注大眾對他的評價。他人生的最後幾年裡，在位於華盛頓的貨幣信託投資委員會創立之前，沒有什麼比大眾的讚揚更能使他滿意的了。貝克先生雖然不像他的老合夥人一樣贏得那麼多榮譽，但報紙對他的出庭作證做出的正面評價，很是讓他「沾沾自喜」了一番。我心中同樣清楚的事實是，上文提到的那位金融家，如果能換來大眾的褒揚，是不惜花費數百萬美元的。

單憑金錢或者權力，都無法將快樂召喚到某人面前，只有眾口稱讚形成的金光閃閃的名譽，才能讓人感到滿足與快樂。

紐約花旗銀行總裁范德利普是絕不會讓交際圈子狹窄而且朋友對其評價不高的人擔任主管職務的。當時，大眾和媒體提

起花旗銀行，都免不了從一貫的印象出發，稱這家銀行為「標準石油公司的狗尾巴」。范德利普先生為花旗銀行所做的最大貢獻，就是努力消除了人們的這種不良印象，建立起一定的信譽，使大眾不友好的態度得以轉變。

只有正確的行為才能換來良好的信譽，正如你給別人送去良好祝願，別人一般不會對你惡語相向，還會回贈同樣的祝福，這應該就是聖誕節是一年中最美好的時光的原因之一吧。

如同慈悲與寬容一樣，信譽既賜福於讚美的領受者，也給施予者帶來好處。

信譽是一種美德，需要我們悉心培育。我們不僅要在聖誕佳節向大家表示祝福，而且應該一年四季時刻記得與人為善。

堅持這樣做，你將在商務場合中受益無窮，取得事業的成功；更值得一提的是，你會得到社會的充分認可。在你的內心深處，也會認為自己的成就實至名歸，感到對得起自己的良知，並且得到莫大的滿足。

如果沒有良好的信譽做擔保，即使看上去再完美的協定或者約定都免不了要淪為一紙空文。

從全世界的角度來看，人類社會親如一家，像兄弟姐妹一樣團結在一起，是大家世世代代追求的終極目標。只有不斷努力，用更多的友善之情取代憎恨嫌惡，才能讓我們離目標更近一些。而兄弟般互助的精神，正是神所喜歡的。

　　信譽往往和善意緊密連繫在一起，它們不僅能為你開啟事業成功之門，還將親手為你開啟天堂的大門。

　　我認識一位十分聰明的商人，他賺了很多錢，嚴格來講都是合法所得，但其中有些財富，雖說不是靠欺騙得來的，卻總有違背誠實經商的原則之嫌。這位商人與我認識的其他人相比，活得明顯不算快樂。

　　聖誕期間為什麼充滿歡樂？在這個時期，是什麼使每個人滿懷喜悅與感恩之心、樂於為他人奉上自己的祝福？

　　答案很簡單：善意。

　　人們在聖誕節向周圍的人表達善意，希望為別人做點什麼，很少考慮自己的利益，而把別人的快樂放在第一位，尤其是為了小孩子的開心而絞盡腦汁。這一刻，我們的心靈是崇高無私的，我們的言行是親切體貼的，我們比以往任何時候都更接近《聖經》中描述的境界：「愛人如己。」

▍二、怎樣建立良好的信譽

　　信譽雖然是別人對你的看法和評價，但評價好壞的決定權都在你手裡。幸運雖能換來一時的榮譽，但長久的名聲往往是透過高尚的人品、對事業的專注與信仰以及提供給大眾的真誠服務換來的。

　　良好的信譽首先根植於真誠的服務之中；如果你真心地付出無私的服務，大眾自然會慷慨地報之以好評。但有時可能會造成相反的作用，所謂過猶不及 —— 人們可能對你的好意產生懷疑與偏見。例如許多原本真心實意提供服務的商人就曾經遇到過這樣的失敗，因而無法在客戶中建立起良好的聲譽。

　　你可能會說，正如人的性格好不一定得到好的回報，發生這種情況也不是沒有可能。是的，我承認這話很有道理，但是我們不妨深入地思考一下這個問題 —— 我們為什麼不能根據人們的偏見或者他喜好或厭惡的東西來建立自己的信譽呢？

　　你也許馬上會反問我：「為什麼要迎合人們的偏見呢？這樣的做法沒有任何意義。」

　　我並不這樣認為。有時，人們所謂的偏見往往主要存在於你自己的頭腦當中。

　　對你來說叫做「偏見」的東西，於對方而言，只是屬於人之常情的個人好惡而已，無可厚非，他們也有很多理由證明自己觀點的正確性。而「信譽」畢竟是建立在他人頭腦中的感覺，所以，既然你需要的是良好的信譽，你的言行就必須符合大眾的喜好標準，否則是得不到什麼好名聲的。

　　想得到「信譽」這項特殊的資產，就應該按照大眾認可和喜好的標準行事。在生意方面，比如股票的買賣，有時人們做出的決定可能看來十分糟糕，而你自認為知道更加高明的處理

方法。當然，是隨主流還是堅持自己認為正確的東西需要由你做出選擇，如果堅持下來的話，人們也許會發現你是對的，他們會轉而支持你，這時你將感到人們對你有一種非常強烈的偏愛，過去的種種不贊同已經完全被這種新的感情所取代。當然，前面講的只是一種特例，你更有可能面對的，是繁雜瑣碎的日常商業事務，沒有一個絕對的標準來判斷某種做法的對錯，你也無法從中肯定該做什麼和不該做什麼，因此，你完全可以按照客戶的愛好與習慣來處理這些事情，並且盡量令他們滿意，這樣，良好的商業信譽就隨之建立起來了。客戶喜歡買到便宜貨的感覺？請迎合他們的愛好。他們願意得到免費的郵寄服務？那就設法少收或者免去運費。客戶喜歡特定的顏色？比如用紅色裝訂書籍。好的，請給他們紅色！

　　大家不妨坐下來，拿起一枝筆，將你所知道的客戶的喜好列在清單上。事無鉅細，只要是顧客偏愛的東西，都原原本本地寫下來，然後，總結一下自己是否已經適當地滿足了顧客的這些愛好 —— 這總比只關心自己的愛好要有意義得多。一張用心列出的清單，上面的內容可能令你大吃一驚。如果你對自己的判斷不太有把握，可以請別人幫你列一張這樣的清單，然後根據上面的內容查漏補缺 —— 這將成為你所做過的最大、也是最有意義的投資之一。

第十九章
意志是勝利的前奏

　　任何有成功雄心的年輕人首先必須培養意志力，若是缺乏這種力量，他便永遠不會成功，因為在通向目標的路上充滿了坎坷與荊棘，必須勇敢面對、拿出意志力來戰勝這些困難，才能抵達終點。

一、偉大的成就無一不是意志力的果實

　　意志是勝利的前奏。

　　誠然，正如「不付出汗水的理想只是空想」這句話說的那樣，只有意志而沒有實踐，也不會到達成功的彼岸。

　　任何偉大的成就，無一不是意志力結出的果實。

　　意志力是必勝的力量。

　　「有志者事竟成」這句諺語，在法語中也能找到相應的語句，而且表達的意思更強烈 ──「Vouloir c'est pouvoir」，按字面意思來理解，就是意志力有多強，能力就有多大。

　　我們所有的行為，都是意志力推動的，「所有」的意思真的是指每種動作、每句言辭、每個願望都是在意志力的「指揮」之

下產生出來的，而並非一種誇張的說法。

意志力不夠強大，我們的表現就會落後於他人。

只有將意志力調整為正確的狀態，讓它適當地發揮功效，我們才能迎頭而上，牢牢把握人生機遇，充分發揮自己的能力。

意志力可不是簡簡單單地許下願望就能激發出來的，它還意味著更多的東西——堅定不移的決心、鍥而不捨的頑強、不屈不撓的自信、百折不回的勇氣、堅忍不拔的毅力。

神聖羅馬帝國皇帝曾經多次宣稱，日耳曼人擁有「勝利的意志」，這種意志是他們最偉大的資產——他十分肯定地認為，如果沒有「勝利的意志」作為支撐，條頓民族可能早就放棄了艱苦卓絕的抗爭。

一個意志薄弱的民族或者個人，注定走向失敗的結局。

英國的綽號「鬥牛犬」的由來，是因為不列顛民族是一個意志力強大的群體，這個民族有著令人敬佩的頑強精神、絕不輕言放棄的執著鬥志。

近代史上的偉人中，拿破崙所擁有的意志力之強，無人能出乎其右。

今日世界舞臺上最為著名的人物之一，被稱為最頑固、最執拗的美國人的威爾遜總統，無疑是具備強烈的個人觀點和原則的典範。

意志薄弱的人必然膝頭發軟，容易向外界屈服。

沒有意志和原則的人無異於被抽掉了脊梁骨。

意志力是驅動力的同義詞，是一股強硬而積極的力量。

E‧H‧凱理必須鍛鍊自己毫不妥協的意志，以便對抗在他初掌美國鋼鐵公司時遇到的種種阻力。有一次，他曾對幾位懷有異心又權勢在握的董事說道：「先生們，除非你們找人換掉我，不然我不會讓你們的想法得到實現。」他堅持毫不妥協，最終戰勝了反對者，他的企業為美國的經濟繁榮做出了巨大貢獻。

當威爾遜總統請查爾斯‧M‧施瓦布擔任政府造船業的負責人時，後者謝絕了總統的邀請，並且表示，唯有當他可以完全自由地按照自己的方式行事，才會接受這個職位。施瓦布在為人處世上有著鮮明的個人風格，如果某件事情歸他負責，那麼，他的意志和想法就必須得到全面徹底地執行。

任何有成功雄心的年輕人必須首先培養意志力，若是缺乏這種力量，便永遠不會成功，因為在通向目標的路上充滿了坎坷與荊棘，必須勇敢面對、拿出意志力來戰勝這些困難，才能抵達終點。

在邁出事業的第一步時，你就得建立起必勝的信念。

無論什麼困難，都不能擊垮我們的意志。這個世界有時看起來冷酷無情，但是，不管它為我們帶來什麼樣的暴風驟雨，不管你正在經歷怎樣的酷暑嚴冬，只要意志不毀、精神不滅，

就沒有什麼障礙能夠破壞我們的計畫。

《聖經》上記載著耶穌基督的話 ——「你們禱告，無論求什麼，只要信，就必得著。」「你們若有信心，就沒有不能做的事了。」

這些話告訴我們，意志的力量是不可戰勝的。

意志強大、信心充足的人，他們的身體絕不會在困難面前發抖；態度果敢、決心堅定的人，他們的腳步絕不會在坎坷之處退縮。

在追逐理想的道路上，一定不要放棄意志這位忠實的夥伴，那麼終有一天你會親手收穫應得的勝利果實 —— 說不定幸運之神還會給你額外的獎賞。

即使把全世界的困難加在一起，也不要讓它們擊敗你的意志！我們往往為周遭的環境所困，就算一時無法改變環境，但至少不要讓環境改變了我們唯一寶貴的資產 —— 意志，請在這時運用你對意志力的控制，盡最大努力去做些什麼。

人類有了意志力，好比汽車加滿了汽油。沒有最基本的驅動力，交通工具無法環遊世界，人類也無法實現各種夢想。

因此，沒有什麼比意志力更值得我們去培養與呵護。

只有強烈的意志當然遠遠不夠 —— 因為一個傻瓜，甚至一頭騾子，都能把頑固不化的倔強意志表現到極致。

我們首先要做的是培養正確的意志，並將自己的意志力用在正確的方向。

顯然，說完「我有愚公移山般的意志和雄心」這句話後，卻連翻土的鐵鏟都不願拿起來的人，做得還遠遠不夠。

我們必須及早意識到內心的願望和想法，一旦有了雄心壯志，就要做好長期奮戰的準備。選擇自己的路，堅定不移地走下去，即使前方深淵密布、高山阻擋，也無法削弱我們的勇氣和決心。

連畫筆都不碰、不願學習最基本的藝術理論和技法的人，如果還妄想成為偉大的畫家，那簡直是痴人說夢了。

我們必須用百分之百的「理智」因素構成所有意志、願望、抱負和野心的基礎。

經過認真、虔誠的選擇，一旦目標得以確定，就不要讓世上的任何事物阻礙你前進。

想，然後做。

要堅持。不要做隨風倒的風向儀，經不起風吹雨打，隨便來一陣疾風驟雨，就完全動搖了決心、掉轉了方向。

《聖經》上說：「即使你有意願去做，但還要按意願去執行才行。」

在從「想」到「做」的過程中，意志力起的主導作用功不可沒。

新船的初次下水總是令人愉快，但是你永遠不要指望這艘船將來不會遇到各種風暴和驚濤駭浪的襲擊，只要在海上航行，這些都是家常便飯。

我們在與風浪搏鬥的同時，經常會遇到種種誘惑，促使我們放棄遠航。人的大腦、雙手、肩背和腿腳畢竟不是鋼鐵打造，而是血肉組成，終有疲憊、痛苦和麻木的時候。朋友們都知難而退，我們也難免因受傷而灰心喪氣，一切都變得如此糟糕——是的，有時似乎連天上的星星都躲起來與你作對。

唯有一種東西永遠不會背叛並終將拯救我們大家，它就是意志力。

困難可以挫敗肉體，但毀不掉靈魂和意志，在無形的精神力量面前，它顯得無能為力。正是這種精神力量，使人類區別於動物，成為名副其實的萬物之靈。

永不言棄！

只要我們認為自己正在尋求一個正確的、有價值的目標，只要我們認為自己值得享受成功，只要我們認為世界因為我們的努力會變得更美好，我們的意志力就能征服一切，而且永遠不會被困難征服。

意志力所在的地方，是你的對手和敵人永遠觸及不到的。它高高在上，俯視著物質組成的世界。

士兵可能戰死沙場，如果他死得高貴，盡了一名軍人的本

分，又會有誰認為這是一種失敗？

寫到這裡，我不禁感嘆：成功難得，罕有耳聞；而失敗，卻是隨處可見。

但是，一位明智的西方人，埃德加・豪（Edgar Howe）最近出版了一本小書，名叫《成功比失敗簡單》（*Success Easier than Failure*），書中所講似乎不無道理。

成功人士不一定非要成為百萬富翁，百萬富翁不一定都是成功人士。

修女們以謙遜的姿態在貧民窟中幫助困窘的人，護士們忙碌在醫院的廉價病房為窮苦人服務，以及貧困的勞工家庭中的那些默默無聞的妻子和母親們，為了孩子整日辛苦操勞 —— 這些平凡人所付出的努力，並不比那些登上報紙社會版頭條的「大人物」們少，從某種意義上來講，他們才是當之無愧的成功者。

我認識一些人，有男有女，他們有值得尊敬的人品，在自己本職的事情上也做得很好，但他們的名字從未見諸報端或者任何書籍，其事蹟也不為大眾所聞，因為世界還沒有意識到，這些普通人也應該歸於成功者的行列。

真正的成功與意志力類似，存在於人的頭腦、心胸、靈魂之中，常常是別人的肉眼所察覺不到的。

當華特・司各特爵士被宣告「破產」之後，他把所有的才能、精力和意志力都投入到寫作中去，勇敢地承擔起龐大的債

務，為自己的信譽而戰，此時他就是一個成功的人，一個偉大的人。

在羅伯特‧路易斯‧史蒂文森臥病不起的日子裡，是什麼支撐著他堅持寫作，為這個世界帶來那麼多令人快樂振奮的篇章？

又是什麼讓雙目失明的聖詩作家芬尼‧克羅斯貝（Fanny Crosby）從苦難中抬起頭來，用滿懷希望和鼓舞的讚美詩，撫慰了數百萬人的心靈？

福煦將軍在馬恩河戰役中，面對戰場兩翼和中路的龐大敵軍，果斷地下令反擊，成功地挽救了巴黎乃至整個法國被德軍占領的命運 —— 他也因此獲得了元帥的最高軍銜。

這些人之所以做出如此的成就，難道不是得益於對意志力的錘鍊？

我們的未來和命運，從根本上說是由意志力決定的，我們的雙手不過是意志的工具，要聽從大腦和心靈的指揮。

讓我們建立起不可征服的意志力吧。首先要做到身體完全遵從意志的命令，然後逐一戰勝前進道路上襲來的困難。

二、怎樣培養意志力

迅速促成交易的祕訣在於對意志的掌控 —— 使顧客在推銷者平靜、穩定而強大的銷售意志面前逐漸接受其產品。除了某些偶然情況之外，如果你不對別人表達自己的意願，他們一般是不會主動為你做事的。而你沒有意願做的事情，即使別人為你做了，對於你來說也沒有什麼太大的價值。

「倔強」近乎於頑固，是一種拒絕妥協的態度，常常會抗拒他人的意志。這種態度往往與意志力有巨大的差別，正如南極和北極之間的距離一樣。真正的意志力懂得適當的退縮和迂迴，像彈力繩一樣能屈能伸，充滿韌性，永遠不會因為過於強硬而破碎。在這種退縮和迂迴的過程中，人們可以發現自己的不當之處，改正某些做法。真正的意志力是靈活而自由的，可以根據個人的理智判斷進行相應的改變 —— 絕不是被迫屈服。如同一支常勝軍隊，雖然它的戰線可以根據情況任意伸縮，但敵人永遠無法攻破它。

讀者不妨問自己這樣一個問題 —— 您是否被人成功地威脅或者恐嚇過？您是否因為遇到了一些挫折就陷入猶豫動搖、灰心喪氣的境地？如果答案是肯定的，那麼您的意志力就是脆弱不堪的。怎樣才能讓它強大起來呢？我們可以像訓練其他精神能力一樣，對它進行鍛鍊 —— 每天抽出幾分鐘強化意志、鞏固

思想，提高意願的力量。

為什麼要這樣做？

答案很簡單。我們可以透過精神的集中，把大量的新鮮血液輸送到大腦中意志力所在的部位，那部分的腦組織就像肌肉一樣，需要得到養分和經常的鍛鍊才能生長壯大。每天鍛鍊一下肌肉，時間一長就能得到健美的身材，而透過把所有的注意力都集中起來，對某種精神機能進行長期的、有規律的系統訓練，它就會像得到鍛鍊的肌肉一樣變得健康而強大。

意志力是一種基本的驅動力，有了它人們才能有所作為。

首先，我們利用意志力促使自己完成應做的事情。雖然剛剛讀完本書所教的意志訓練法，但大部分讀者恐怕不會馬上付諸實踐，儘管你知道這些建議都是對的，而你也應該照做，但是你就是缺乏那種促使自己完成應做之事的意志力。如果你真心希望得到強大的意志力，展開成功的事業人生，那就至少逼迫自己做一下這些練習，哪怕是其中一項也好。如果能每天堅持做這些練習，一個月之後，你意志力的提高就可以讓你輕鬆應付更多的練習，最終收穫成功的果實。反之，若是拒絕嘗試，就不會有成功的機會。

其次，在你的同行或者社交圈裡發展自己的意志力。不知你是否屬於做事時被動聽從別人指揮的人？還是有時會有自己的主見，告訴別人你認為他們應該怎樣做？當然，沒有人能夠

在一個群體中總是自己說了算，這樣做是不合適的 —— 始終要依靠團隊精神和合作的原則。但是，那些不敢肯定自己的長處和正確性卻指出別人的不足之處的人，不善於堅持己見且無法說服別人認同自己的人，一定是意志力薄弱的人。你是領袖還是追隨者呢？如果你對自己的定位為追隨者，那麼在表達不同觀點的時候，你的態度要謙遜從容，抓住原則性的問題，堅持到底。

信函是與人溝通、要求人們為你做事的常用工具，你是否有能力透過這種無聲的文字方式說服客戶與你合作？如果不能的話，說明你在信件寫作方面尚有欠缺。一旦與某個特定的客戶取得聯繫，在完全贏得這個客戶之前，那段漫長的跟進過程通常是最有難度的部分。雖然這種跟進的本身是客觀的、不帶個人感情的，但是我們可以運用自己的意志，把強大的感染力和說服力融合到信函的文字之中，抓住對方的心理，讓客戶在精神上信服你。你是否已經把這種力量運用到信函寫作之中了？如果還沒有，今天就試試吧，好嗎？

第二十章
成功的大廈必須以自尊為根基

人生的大廈必須以自尊為根基，不然，無論這座建築的外表多麼富麗堂皇，裡面仍舊充滿腐蝕不堪的蛀洞，隨時都會轟然倒塌。

一、帶著尊嚴實現自己的價值

美國為什麼要參加第二次世界大戰？

為了保持國家的尊嚴。

美利堅合眾國是從尊嚴中誕生的，這個國家的奠基者們拒絕把人的尊嚴作為可以交換的商品，拒絕背叛自己的人格，他們的抗爭換來了美國的獨立。

在獨裁的重負下，人們很難保持自尊。失去自主權的個體往往淪為強者的傀儡，暴君手中的絕對權力就是控制傀儡的絲線，會讓人們過著類似奴隸的生活。

一個人或許可以失去世間所有的一切，卻不能丟失他的自尊。有尊嚴的人活得才有價值，才是自己精神世界的主人。

如果某人沒有自尊，那麼即使擁有萬貫家財也不值一提，

他的精神是貧瘠的。

失去自尊的人也會失去別人的尊敬。

不能將自尊與傲慢自大相提並論。

自尊是一個難以具體定義的概念。它使人免於墮入刻薄、卑鄙、殘酷、專橫的惡道；它生來就憎恨各種形式的不公，並且積極為正義而戰；它促使人們按良心和道德原則辦事，提醒你在尊重自己的同時，也要尊重別人。

自尊的人絕不會蔑視別人的尊嚴，他們深切認同「己所不欲，勿施於人」的道理。凡是故意損傷別人自尊的人，都是在抹黑自己的尊嚴。

自尊從來都不是一種單獨存在的特質，正如美麗的花朵無法和滿園的雜草生長在一起一樣，自尊也需要其他美德的陪伴，才能繁榮生長、相映生輝。

欺詐成性的人、靠不正當手段發財的人、慣於占別人便宜的人，永遠不會有真正的自尊。他也許會透過欺騙別人，甚至欺騙自己來讓人相信他有權得到尊嚴；也可能強迫別人，尤其是比他弱勢的人對自己表示所謂的「尊重」，他們喜歡偽裝得道貌岸然，對別人吹毛求疵。

在其內心深處，他也知道，或者至少是懷疑，自己是在裝模作樣，而且被不真實的假象所包圍，他配不上別人違心說出的那些讚美之辭。

真正偉大的人是不需要奉承和諂媚的，他們厭惡拍馬屁、叩頭等卑躬屈膝的禮節，他們不希望任何人為了討好自己而降低人格。

唯有誠實可靠的人才會建立全面的自尊。如果你為人處世忠實誠懇，贏得了人們的尊敬，這不啻於擁有了無堅不摧的人格武器，那麼，還有什麼困難不能夠面對？有什麼障礙不能夠征服？又有什麼陰霾沮喪的心情不能經受呢？

缺乏自尊的人永遠得不到真正的成功，用犧牲人格尊嚴的手段換來的勝利不是真的勝利 —— 一個人，如果連尊嚴都不要了，那麼即使得到了整個世界，又有什麼意義呢？

令人欣慰的是，如今的商業遊戲和人生競爭越來越公正透明，人們可以帶著尊嚴，體面地參加這些激勵人心的活動，發揮各種才能，實現自己的價值。

商業環境的改善，使得現在的年輕人能夠從容地進入商界，同時保持道德的清白。

銷售者無須撒謊就能賣出商品，櫃檯後的店員不用再練習話術詭計。

記者也不必昧著良心造假，把真實的報導歪曲為虛構的小說。

麵包師傅再也不會被迫往麵包裡新增神祕的有害物質。

食用糖裡再也不會摻有沙子。

　　廣告製作人無須特地練習造假技術，就可以把真實的圖片修改得非常好看。

　　自尊心強的雇主會主動招募有自尊意識的員工。那些要求別人尊重他的雇員，最好首先尊重一下別人，因為他也必須值得別人尊重。

　　與自尊密切相關的美德有很多，包括自律、自制、必要情況下的自我犧牲、沉著自信、自我否定、自我修養等。

　　毫無疑問，自尊的最大敵人，非「自私」莫屬。

　　第二大敵人也許就是鋪張浪費、虛度人生，這實際上是從自私中衍生出來的一種自我放任的行為。

　　要知道，有幾樣東西消滅自尊的速度比債務還快，比如洋洋自得的心態、奢侈的生活習慣、炫耀財富以及追求那些你根本不需要的事物。

　　既要藏在街邊牆角躲避債主的追討，又要保持尊嚴，幾乎是不可能的事情。

　　具備償付債務的能力，是自尊的基礎，那些欠債還錢、信守原則的人，可以從容地直視他人的目光，不用躲避任何人，也不必向任何人獻媚討好。

　　一位隨時儲蓄以備不時之需的工人，比起他那拿到工錢就揮霍無度、最終陷入貧困的同伴更容易保持人的尊嚴。因為前者在銀行存有一定的積蓄，所以如果有必要，可以透過罷工抗

議來爭取自己的權益，不用擔心一時的經濟問題或者自尊受損；而後者由於永遠都要依靠下週的薪水支付帳單，所以即使權益遭到損害，也只能忍氣吞聲。

如果你有能力節省出更多的金錢，那麼一定要厲行節儉，因為這樣可以保持尊嚴。

在同一個人身上，自尊和虛榮往往不能共存。虛榮總是引起不必要的鋪張浪費和沉溺放縱，終將招來災禍。

野心雖有價值，但絕不能讓它失去控制，否則會給自尊帶來致命的破壞。

堅持不斷地贏得他人的尊敬 —— 這相對來說還算簡單。努力建立並保持自尊 —— 這事做起來要難得多。

「自我」是一座神廟，別人只看得見外牆，無法窺見內部的情形；而我們自己卻可以看到裡面的神龕。或者，「自我」是一架只能由你本人駕駛的飛機，別人無法控制它飛向天空。

當然，上面這段話的意思並不是苛求每個人都要做得盡善盡美 ——「義人也難免一日犯錯七次」，我們雖然生來有罪，但最終還是尋回了尊嚴 —— 耶穌基督的自我犧牲為世人做到了這一點。

「自尊」並不意味著我們必須總是穿著筆挺，鞋子上纖塵不染，永遠不會滿臉油汙，住在豪宅裡，吃飯時還得圍上雪白的亞麻餐巾。

詹姆斯・B・杜克為了省下每一分錢投資事業，曾經住在紐約市一間走廊盡頭間隔出的小臥室裡，去到處都是醉鬼和流浪漢的鮑厄里街區的餐廳吃飯，即使這樣，他的自尊也絲毫無損。

法蘭克・W・伍爾沃斯年輕的時候，每晚都要睡在一家鄉村小店昏暗的地下室裡，身邊守著一把左輪手槍用來防賊，他也沒有失去自尊。

達爾文・P・金斯利上大學時每天以馬鈴薯為主食，為學校敲鐘賺學費，他的奮鬥並沒有損害其自尊。

法蘭克・A・范德利普在大學每個學年僅能花費 260 美元的情況下，同樣保持了自尊。

湯瑪斯・A・愛迪生沒有失去自尊。他初到紐約時身無分文，甚至曾經向一位職業品茶者討要過一杯茶。

威廉・L・道格拉斯沒有失去自尊。當他成為世界上最大的製鞋商的夢想還只是個夢想的時候，他曾經用手臂夾著成捆的皮革，穿梭跋涉在城市之間售賣。

朱利葉斯・羅森瓦德沒有失去自尊。在展開自己傳奇般的事業生涯之前，他曾經做過小販。

托馬斯・E・威爾遜沒有失去自尊。為了為以後的事業奠定基礎，他自願在芝加哥的畜牧場從事最髒最累的工作。

歐文・T・布希沒有失去自尊。為了使企業獲得償付能力，他到處兜售自己公司的股票，現在他的公司在美國和歐洲都是

數一數二的業界大廠。

一個人的尊嚴是增加還是減損，主要看他的內在精神是積極還是墮落，而不應看他所做的工作「高貴」還是「低賤」。

一位勤懇的清潔工的自尊程度，可能遠遠超過那些過著無所事事的寄生生活、出入高級俱樂部的百萬富翁。

「是非善惡皆由心生。」

人生的大廈，必須以自尊為根基，不然，無論這座建築的外表多麼富麗堂皇，裡面仍舊充滿腐蝕不堪的蛀洞，隨時都會轟然倒塌。

為了蠅頭小利而出賣自尊是非常愚昧的行為。

自尊，簡言之，是人格的同義詞，沒有自尊，人格便不能稱之為人格。

一個人首先有了自尊，再贏得他人的尊敬就不是什麼難事；自尊這種特質，是開啟成功大門之鎖的鑰匙之一。

二、怎樣測試和培養自尊

自立和自尊是一對完美的搭檔。前者是一種積極主動的品質，但也要以後者為根基，因為如果一個人毫不尊重自己，就無法依靠自己的力量有所作為，而每一位成功人士都善於自

我肯定和自我欣賞。賭徒對自己的靈活機敏充滿信心，但絕不可能歸為誠實無欺的紳士之列；高級俱樂部中的紈褲子弟對於修飾外表、打扮得衣冠楚楚很有一套，但不會甘心去做一個有一技之長的平民百姓。真正的自尊不會允許人身上優秀的特質與墮落的特質妥協折衷，它會單純地趨善避惡。如果你建立了真正的自尊，就會發自內心地希望自己成為一個完善的人，不容許出現任何汙點，儘管可能你身上早就存在各式各樣的不足之處。

自尊的人也會背上債務，但是他會直接找到債主，誠懇坦率地說明原因，這樣做一般不會陷入麻煩。而當債主找上門來，自己卻從後門溜走的人，通常都是內心猥瑣、拋棄自尊之輩。各位讀者，假設你是欠債人的話，又會做出怎樣的選擇？如果你自認為表現得不好，那就趕快改正吧。

自尊的人也會遭遇事業的失敗 —— 甚至破產 —— 但是他會坦誠面對朋友、正直做人，他的朋友們也會這樣做，並且對他的正直品德繼續保持敬意。

自尊的人不喜歡別人輕看自己，如果要承受某些批評或冷落，他是不會主動拋頭露面的，如果別人不傷害他，他也不會傷害別人，但是他在反擊別人的時候不會孤注一擲，而是為雙方的自尊留出餘地。

自尊的人不希望有人對他的行動指手畫腳，而且認為把自

己的生活公之於眾，是對其隱私和名譽的侮辱。如果你正在為人人都知道你在做什麼而煩惱時，你的自尊已經被傷害了。自尊的人討厭出風頭，但是他會用一種私人化的方式從容面對大眾的注意，因為他從未做過任何有違自己良心的事情。

下面是一些在通常的商業環境下，對個人自尊的檢驗標準。讀者不妨自我測試一下。

例如，假設你在大街上看到債主遠遠走來，是否會改走馬路的另一邊？

如果答案是肯定的——代表你的自尊出現了問題，請及時改正。

我們都會在事業上犯錯——你一定也會。你是否能夠坦然、直率、爽快地承認錯誤，並且願意為此負責？或者，即使從策略上看不宜馬上承認錯誤，你也願意隨時這樣做？

你是否會公開奉承某人？你是否會容忍別人肆無忌憚地怠慢自己——或者不留情面地羞辱別人，他們怎樣對你，你就怎樣回敬？反擊時有所保留是有自尊的表現，肆意發洩則相反。

最後一個問題，你怎樣看待威爾遜總統的「無情公布」政策？

你是否在這種做法還沒有成為一種政策之前，就早已為此做好了準備？

如果你能把這些問題的答案寫在紙上，那麼這個測試產

生的效果就會比較持久，本書提供的課程對你來說就更有價
值 —— 可以幫助你更好地實現個人效能和事業效能。

你準備好了嗎？

第二十一章
良好的結果源於良好的判斷力

就算是無所不能的天才，失去了判斷力的輔助，也無法維繫長久的成功。

▍一、正視明智地做出決策的重要性

「長眠於此的這個人，懂得如何將比他更聰明的人聚集到自己身邊。」這是安德魯・卡內基為自己寫的墓誌銘。

這是卡內基對擁有正確的判斷力的重要性做出的充分肯定。

一個人如果缺乏良好的判斷力，那麼憑他原有的其他才能或者德行，也許會獲得短暫的成功，但無法保持下去。

無數事實表明，某人若是判斷失誤走錯了方向，就會遠遠偏離正確的目標，即使再努力也是枉然。

就算是無所不能的天才，失去了判斷力的輔助，也無法維繫長久的成功。

判定人們在金融業、工業和商業等領域所取得的成就大小的真實標準是什麼？

最為重要的是——對人的判斷力，選出最勝任的人擔任企

業管理人員的能力。

其次重要的一點 —— 至少在某些方面是重要的 —— 是對事的判斷力，如正確地分析經濟走向、掌握發展動向、對目前形勢的估量與判別以及對未來局面的預測等能力。

是什麼讓美國的銀行業在國際金融舞臺上造成舉足輕重的作用？

不是銀行的鉅額資金，而是銀行家的判斷力。

為什麼賓夕法尼亞鐵路公司要付給庫恩 —— 洛布公司數百萬美元？因為後者提供了專家級別的金融建議，這筆錢是對他們的判斷力付出的酬金，事實證明，這是一筆「物」有所值的交易。

美國鋼鐵公司成功的主要原因是什麼？ —— 公司的幾位負責人，特別是總裁凱理在制定公司的收入策略以及處理與大眾、競爭對手和消費者之間的關係方面做出的明智判斷。

判斷力在商務中造成的作用，無異於在航行中擔任指揮的船長。

蹩腳的判斷會讓生意蒙受損失，如同船長使船隻撞向礁石。

良好的結果源於良好的判斷力。

「判斷力」展現在哪些方面？又是怎樣透過這些形式表現出來的？

　　判斷力不僅僅是由各種普通的能力和知識組成的，也不是光憑熟練、勤懇就能獲得，一個人可能擁有構成的所有因素，但是恰恰缺乏判斷力。

　　因為良好判斷力的形成，不僅需要這些因素，還要滿足其他條件，如自己普通常識的具備、足智多謀、天生的機敏、鎮定自信、穩健理智、頭腦冷靜、有政治家的智慧、屏棄偏見、寬宏大量、公正無私、洞察力強、見解深刻等。

　　判斷力有時又被人稱為「先見之明」。比如判斷某人是明智還是愚蠢，可以在其行動之前的一些細微表現中推斷出來。

　　雷賽布（Ferdinand de Lesseps）發起挖掘巴拿馬運河工程的舉動，雖然得到了世人的讚同，但是後來的事實證明他對這次行動的判斷是不全面的。

　　教科書無法把書中的觀點和判斷強行灌輸到學生的頭腦中去。

　　獲得準確判斷力的唯一途徑就是依靠敏銳的觀察，依靠在人生這所大學中學到的實際經驗，不斷地學習借鑑別人的長處，研究分析有成就的人的言行或者自傳，剖析各種事件的因果關係，堅持不懈地研究人性的特點，養成公正無私、對任何人都寬宏大量的品格，並透過每日的忙碌，逐漸了解自己事業中的各種瑣碎但必要的知識，掌握那些基本的原則和常識。

　　「這些要求太苛刻了！」你可能會說。

是的，正是因為這些要求太過苛刻，所以只有很少的人能夠在有限的時間內達到這種境界。

一般情況下企業的主管不會對年輕人的判斷力產生過高的期望。「年輕人無法具有老年人的經驗和閱歷」就是這個意思。

但事情並不總是這樣。

雷夫・海斯（Ralph Hayes）曾經擔任過美國戰爭部長貝克（Newton Baker）的私人祕書，年紀輕輕就具備非凡的判斷力，例如他知道怎樣按照其重要程度給各種事務以及政界人物排序，然後根據主次關係處理，他在從事這段工作期間表現得非常出色。

在芝加哥鐵路公司，全辦公室的鐵路職員正在工作，主管接到消息，要求派一位最得力的職員到芝加哥畜牧場為莫里斯公司工作，而且會得到較高的薪水。因為上次公司派過去的那位職員打了退堂鼓，憤怒地抱怨他無法忍受那種味道難聞的環境。

這時，公司的另一位職員毛遂自薦，願意接替這個職位，他正是前文提到的托馬斯・E・威爾遜，後來成為世界上最大的肉品包裝公司之一的老闆，而抱怨工作環境的那位職員仍然默默無聞 —— 兩人誰的判斷力更高明一些呢？

1873 年的經濟危機，當失敗與恐慌像颶風一樣席捲整個美國的時候，一位賓夕法尼亞州的年輕人並沒有頭腦發昏，加入驚慌失措的人的行列，而是趁此機會借錢買下好幾塊別人視如敝屣

的焦炭場，靠著優秀的判斷力和精明的經營方式，如今的他可能已經成為全美國第二富有的人。他的名字是亨利·C·弗里克。

「任何不具備合格的判斷力、不能獨立定奪事情的人，最好還是找一份舒適體面的職員工作，把成為商業領袖的機會讓給那些野心更大、能力更強的人吧。」D·O·米爾斯如是說。

大家公認的一個事實是，摩根銀行在成立初期所獲得的最大一筆盈利，得益於其創始人的一個大膽決定。當法國政府面臨財政危機又缺乏借貸信用時，朱尼厄斯·史賓賽·摩根（Junius Spencer Morgan）決定插手倫敦銀行業，為提供給法國政府一筆鉅額貸款做擔保。別的銀行家認為這個美國佬一定是瘋了，然而老摩根的判斷是正確的，他得到了異常豐厚的利潤。

戰爭時期，對於那些目光敏銳、善於利用機遇的人來說，是成功的絕好機會。

德國的戰敗，應歸因於其判斷的巨大失誤——低估了比利時的脾性和能力，誤判了英國將要採取的態度，錯誤地認為可以用恐怖政策統治崇尚文明與自由的人民，小覷了法國的活力和勇氣——德國人最大的失誤在於，他們不了解美國人的性格，以為我們只顧賺錢。雖然美國在軍火交易中賺到了財富，但我們絕不是為了利潤不計後果的國家。

威爾遜總統和他領導的人民，早就在美國參加戰爭之前的幾個月，就向歐洲所有的文明國家宣示了我們應對戰爭的力

量、冷靜、耐心、公正和決斷力。

展望未來，美國在國際上的地位和影響，將會取決於美國領導人的判斷力，取決於美國的商業領袖如何迎接這場即將到來的世界商業戰爭。

冷靜、謹慎、深刻洞察的判斷力在和平時期與戰爭時期同等重要。

那些兼備雄心壯志、勤勉努力、吃苦耐勞等美德於一身的年輕人，以及那些善於判斷情勢、權衡利弊、預見未來的年長者，明日的勝利是屬於他們的。

人生本身就是由一連串的判斷和決定組成的，從蹣跚學步的孩童時代直到生命終結，我們無法逃避每日必須做出大大小小的各種抉擇的生活方式。

所以，讓我們睜大眼睛，正視明智地做出決策的重要性吧。

判斷越片面，成功的可能性越小。

二、怎樣培養良好的判斷力

讀者可能會說，判斷力是天生的，後天無法培養出來。如果一個人生來缺乏判斷力，他怎麼會知道自己有沒有這種能力？他又如何知道自己的判斷力是否有所長進？

有好幾種方法可以解決這個難題。

首先，請回顧過去，透過以前發生的事情，連繫其前因後果，分析你當時做出的思考和決定，檢驗自己的判斷力達到何種程度，所謂「後見之明」雖然聊勝於無，但並不是真正的判斷力。如果你發現自己在過去做出了很多錯誤判斷（我們經常誤判事情，但有些人的失誤次數多於其他人），那麼以後你將怎麼做？

請反思一下自己為什麼會犯這樣的錯誤 —— 決定過程是否倉促草率，或者沒有採納比你更為明智的人的意見？

如果原因是你在做決定時過於草率，以後可以實行一套穩妥的解決計畫，確保自己遇事時思考的時間長一些，請告訴自己或別人：「直到明天早晨為止我不會做出任何決定。」

還有一種可能是你的判斷比較遲緩，無法及時做出決斷。我認識一對夫婦，他們想購買一套住宅，已經準備好錢，也看了不少房子，制定了很多計畫，但每次遇到合適的機會的時候，他們總是不敢拍板定案。有一次，他們找到一處價廉物美的房子，卻遲遲無法決定是否購買，幾個月後，有人把這套房子買走了，這對夫婦意識到自己犯了個錯誤，但是再碰到一次合適的交易時，他們還會繼續猶豫不決。他們應該為自己的判斷過程設定一個期限 ——「對於這件事情，我只給自己一個星期的時間考慮，時間一到馬上按照想好的辦法之一行事，不再

拖延。」

有些人雖然能夠做出決定，但他們的決定通常比較糟糕，這種情況應該怎麼處理？

為什麼不去請教那些判斷力比你強的人的意見呢？當事實證明你的判斷經常出錯，我想這時你做出的最明智的決斷就是在重大事務方面讓家人拿主意，他們的判斷也可能出現錯誤，但至少為你贏得了更多的時間去認真執行這些決斷。

在事業方面，你可能擁有自己的良師益友，甚至會依賴手下某個雇員為你做出判斷。如今越來越多的企業成功的原因，是公司的負責人依照某位判斷力比他高明的顧問的意見來營運。這絕非偶然現象，這至少說明公司的負責人做出了一個明智的決定，他應該將這個決定貫徹到底。

現在，各位讀者不妨拿起筆來，寫出如下問題的答案：

你是否缺乏良好的判斷力？

長時間的思考是否有助於培養你的判斷力？或者迅速的決斷是否更能改善判斷的效果？

如果根據上述問題推斷出你的判斷力情況不佳，那麼你認為誰的判斷力比自己高明？有沒有人讓你覺得對他的建議深信不疑，願意執行他的決定？

或者，你會不會聽取幾個人達成一致後的意見？

　　美國的商業組織正是建立在這樣一套博採眾長的判斷諮詢系統之上的，這些企業的成功證明它非常有用。

第二十二章
真正的朋友會在你需要的時候出現

如果不努力結識值得交往的朋友，並且精心維護友誼，使它更加鞏固的話，就不可能獲得事業的成功，得到社會的認可。

一、朋友助你成就人生

廣交朋友，你會取得更大的成就。

「我不會僱用那些無法在會議期間和別人交上朋友的人。」獨立創業並最終成為肉品包裝行業大亨的托馬斯‧E‧威爾遜曾這樣說，他是典型的實現美國夢的代表。

「我在基秦拿出名之前就遇到過他本人，對他的能力印象深刻，並且和他成為朋友。」查爾斯‧M‧施瓦布告訴我。後來基秦拿在戰爭期間給了施瓦布很多訂單，累計金額達到上億美元。

「我相信廣交朋友的力量。」施瓦布補充道。

我也由此得知，施瓦布也和傑利科爵士（John Rushworth Jellicoe, 1st Earl Jellicoe）建立了類似的關係。早在傑利科成為英國海軍上將之前，他還只是一名海軍軍官，施瓦布就和他熟識並著重培養兩人的關係。施瓦布一生中藉助友誼之力，多次獲

取過可觀的利益。

　　一個龐大公司的董事們需要選出一位總裁，會首先考慮誰呢？他們絕不會選某個陌生人，而會從自己的熟人中選擇，那些讓他們留下過深刻印象，讓人感覺友好的人肯定是容易獲得青睞的人選。

　　現今的企業不惜花費重金聘請善於搞好公眾關係的主管，他們希望找到能夠贏得大眾信任和高度評價的人。

　　你和某人成為朋友，他將助你成就人生。

　　友誼可以消除事業的阻力，敵意卻能加重失敗的危險。

　　年輕的亨利・福特試著自己製造發動機的時候，他與一位沿街叫賣咖啡和三明治的小販結下了友誼，這位貧窮的年輕發明家在通宵實驗自己的第一臺汽車引擎時，曾經享用過他朋友提供的熱咖啡。

　　亨利・P・戴維森不僅是英國國王的座上賓，還受到了威爾斯親王（Prince of Wales）的歡迎。這位美國銀行家中的奇才，總是可以成功地獲得別人的友誼。紐約市半數的主要金融機構的負責人都是戴維森的朋友，並且交情非同一般。戴維森用「鋼做的鉤子」牢牢勾住了他們的心，許多人甘願為其赴湯蹈火。「戴維森的人」這個詞已經成了金融界的流行說法。

　　誠然，「你的朋友無法為你代辦所有事情，你必須靠自己的雙腳走路。」這句話是不言而喻的道理，但是更值得強調的是，

沒有朋友的支持，人們很難獲得成功，即使攀上了頂峰，也無法長久地保持成功的地位。

統治者失去了民心和朋友的支持，他的家族和權力就會走向衰落。

這個道理也適用於大企業和工業組織的負責人，如果沒有支持者的擁護，就很難保住自己的地位，因為無人配合他的決定，他的管理就是無效的。

有一句話說得非常有道理 ——「自我奮鬥而成功的人，是一件永遠處在自我完善之中的產品」。可見，人在自我完善的過程中必須不斷地交朋友。

某位公司主管曾有一段時期人緣不佳，有人傳言說他很快就會被迫離開。此時，這位主管的一個強勢的朋友，公開表明自己的立場，宣稱他站在主管的一邊支持他 —— 結果，所有正在傳播謠言的人馬上停下口舌之爭。

有多少人在關鍵時刻被忠實的朋友們從危險中拯救出來？

「難道某些人的能力之大，已經發展到了不再需要朋友的程度？」「那些最終破產的大企業，哪家沒有幾個不聽從任何人意見的主管，他們自命不凡，不把世界放在眼裡？」托馬斯・E・威爾遜曾經這樣問，他又說：「我們每天都遇見許多形形色色的人，我會學習他們的長處，可能的話還與他們交朋友，這也是我經營生意的方式。一位公司主管所負責的組織有大有小，但

這並不是決定他的朋友多寡的關鍵因素。一個人一生中遇見的人不計其數，但大多數只有一面之交，你留給他們的唯一印象就成為他們對你的評分根據，難道這不值得我們盡力把這個分數弄得高一點嗎？」

「如果你們問我指導人們進行日常生活和工作的真理是什麼，我會簡單地回答：盡量和與你打交道的每個人做朋友。」這是亨利‧L‧達赫蒂對申請工讀生的人的忠告。

交到真正朋友的方式只有一種。

「物以類聚，人以群分。」內在本質相同或者類似的人自會相互吸引，也正是「透過觀察你的朋友，我會知道你是什麼樣的人」這句話所包含的道理。

自私的人不會得到真正的友誼，最偉大的友誼都是出於無私。

「（我的朋友中）沒有人曾經幫過我多大的忙。可能多年以前我會向朋友索取很多東西，但是現在不會。因為我從生活中學到，越是盼著從朋友身上得到什麼，你的失望就會越大，更重要的是，我知道任何人都沒有權利要求朋友為你做些什麼。朋友就像一個你一心嚮往的美麗公園，你只能欣賞裡面的花朵而不能摘走它。」埃德加‧豪說。

如果某人希望得到真摯的友誼，他自己首先應該做到真摯待人。

友誼意味著忠誠、尊敬、熱忱、同情、喜愛、互助、支

持，如果有必要，還要為朋友挺身而出。

真正的朋友能夠分享我們的快樂，分擔我們的憂愁。

各個時代的詩人和賢者們，都用最高貴的詞句來描述和歌頌真正的友情與真正的朋友。

第二次世界大戰中德國的戰敗，正是因為它在世界上眾多崇尚自由的國家中沒有一個朋友，它的殘酷、野蠻、暴虐、欺詐等惡行，使它失去了地球上每一位有良知的人的支持。

一些老一輩的美國商業領袖曾經認為他們足夠強大，以至於可以不必費心交朋友就能按照自己的意願行事，但是現在他們中的大多數人已經屏棄了這種落後的認知。

是的，如果不努力結識值得交往的朋友，並且精心維護友誼，使它更加鞏固的話，你就不可能獲得事業的成功，得到社會的認可。班傑明‧富蘭克林曾經風趣地說：「與狗同眠的人必然惹一身跳蚤，與壞人為伍的人一定吃虧。」

退一步說，認識很多擁有良好性格朋友的人，就同時擁有了眾多的潛在客戶或者生意夥伴。

那些渴望在世界上留下自己的印跡，並且從同胞那裡得到尊敬的年輕人，應該早早做好準備，用自己的真誠無私之心換來世人的友誼。

真正的朋友會在你需要他們的時候出現。

　　努力做一位雪中送炭的朋友吧，在人生的漫長道路上，盡量多向他人施以援手。在你朋友飢餓時給他麵包，他們會在你口渴時報以甘泉。

　　向周圍播撒友誼之種的人，必然得到多倍的收穫。

　　沒有朋友的人生會是什麼樣？

　　生命的真諦，不就是付出愛，然後得到快樂的回報？

　　沒有友情和朋友相伴的人生，還有什麼快樂可言呢？

　　朋友是成功的基礎，更是快樂的泉源。

　　沒有朋友的成功不是真正的成功。

　　因此，你用無私和真誠贏得真正的朋友，才能獲得地位、力量、尊敬與快樂。

　　金錢買不來真正的友誼。

　　真正的友誼只能用同樣的友誼來換取。

　　想讓別人做你的朋友，你得先做別人的朋友！

二、怎樣建立交友圈

　　許多人會這樣說：「我不是含著金湯匙出生的，所以沒有足夠的財力去吸引那麼多的朋友。」或是：「看起來我並不具備什麼交友的技巧 —— 他們並不認可我。」還有人說：「我的生活圈

子太小，沒有機會認識太多的人，更不用說和他們交朋友了。」
大多數人覺得，朋友就是你偶然遇到的跟自己合得來的人，有
了他們的陪伴，你可以獲得快樂。

如果我們把耶穌基督單純作為一個人來看，那麼他的事蹟
就是透過集合朋友的力量去改變歷史的最好例子。

耶穌一直都盡最大努力做窮苦人的朋友，為他們提供心靈
上的幫助。他幫助窮人的願望是如此的堅定和持久，以至於
窮人都集結到他的身邊，甚至願意為他犧牲生命。隨著時間的
推移，人們對耶穌的信仰和忠誠也不斷地加深，這種堅定的精
神力量使他們成為世上最強大的男人和女人的群體 —— 基督
徒 —— 他們用自己的力量改變了世界的面貌。

雖然耶穌基督作為肉身的凡人時，沒有看到這些變化，但
是現在我們都能意識到，耶穌在其短暫的一生中，透過和身邊
的人做朋友並幫助他們，居然聚集了那麼多人的力量，產生了
如此大的影響 —— 為他人服務的理念成為人們的習慣，這種
習慣甚至構成了美國商業成功的核心原則 —— 終將使我們變得
更加富裕和強大。當然，你不能一味地、單純地追求財富和權
力，而忘記了其他更為重要的東西，除非特別幸運，否則不會
成功。

如果你為了一己之私，固執地這樣做，會引起別人的懷疑
和厭惡，而真正的友誼也不會在自私的土壤上生根。無私的人

喜歡和需要自己幫助的人做朋友，得到其幫助的人如果將來有能力，也會報答曾經幫助過自己的人。

許多人不明白友誼多多益善的道理，不重視培養友情，僅僅認識幾個熟人就感到滿足了，或者他們根本不喜歡和陌生人建立友好關係。

交朋友如同養花，擁有數量較多的朋友，在相當程度上是一個人對友誼默默「澆灌」和「分類培養」的結果。

那麼，各位讀者，你是否已經做好準備建立自己的交友圈了呢？

你是否覺得與你有聯繫的每個人都值得交往 —— 他們都有可能成為具備某種力量的人 —— 而你也經常有所打算，希望按照自己既定的方式發展與這些人的友誼？

請檢查一下你的「熟人」列表 —— 首先是工作上與你有聯繫的人 —— 然後是鄰居 —— 最後是在其他情況下認識的熟人。

你希望他們中的哪些人成為你真正的朋友，你願意和誰建立一段長遠而穩定的友情？

當你希望和某人成為朋友，無論他的社會地位高低，首先要做的事情就是看看有沒有幫助這個人的機會，如果得到你的幫助之後，他看上去也感謝你的付出的話，那麼繼續幫他另一個忙。如果這個人在得到幫助後顯得較冷漠，那麼就不要浪費時間，去幫助另一個知道感恩、能更好地回應你的人吧。透過

這種方法，你一定會慢慢建立起一個可靠的交友圈。

人們常常由於個人習慣的不同，或者一時沒有注意到自己的言行而失去一些朋友。我們不妨自問一下，你有沒有因為忘記鞏固友誼而失去本來應該好好維繫的朋友？

這可能已經成為一種不好的習慣。請多多反省一下，看看能不能找出養成這種習慣的原因 —— 跟比較親近的人談談這些事情，比如你的伴侶、兄弟、父親或者姐妹等，然後想辦法徹底改掉這些習慣。

雖然這些事情無法在短期內辦成，但是絕對值得我們付出努力。

第二十三章
沒有勇氣就無法到達成功的頂峰

只要你具備真誠、正直、認真、勤懇、堅持不懈這些美德，就可以在內心深處將它們轉化為取得成功所必需的勇氣。

▌一、勇氣源於我們的內在本質

誠然，勇氣 —— 真正的勇氣，當然不是「酒後之勇」—— 是開啟成功大門的一把相當關鍵的鑰匙。

怎樣才能獲得勇氣？

勇氣可以培養嗎？

是的。怎樣做呢？只要你具備真誠、正直、認真、勤懇、堅持不懈這些美德，就可以在內心深處將它們轉化為取得成功所必需的勇氣。

這就是獲得勇氣的祕訣。

「他理直氣壯，就好像披著三重盔甲」、「純潔無辜的人如同披著三重甲冑」、「顧慮使我們都變成了懦夫」。

這些句子放在什麼時代都不會過時。

如果我們知道自己有權做某事，這會帶給我們信心和勇氣。

如果我們知道自己錯了，如果我們知道自己不配得到成功，我們的勇氣就會退縮，我們的雙手、心靈和頭腦就會失去應有的力量。

驕傲自大不能和勇氣混為一談。

真正有勇氣的表現之一是謙遜。

驕傲自大只是內心脆弱的一種外在形式。

勇氣是基於一個人對自己的能力的全面了解而激發出的一種自信，正是由於這種了解，所以他不會輕率地炫耀和賣弄自己的能力。

一個人透過自身的誠實努力和內在品德而獲得的獎賞，是不會拿出來炫耀的，也不會引發驕傲自大的情緒，只能讓他更加謙遜。

巨大的勇氣和巨大的驕傲通常無法共存。

培養勇氣的最佳途徑，就是培養內心的美德、增加頭腦中的知識、提高自身的能力、學會控制自己的各種意願和才能。

知識就是力量。有力量的人不會成為懦夫。

無知產生自大。智慧滋生內心的勇氣和自信。

精通自己工作的人很少感到不安，他知道自己有能力處理好，他知道自己可以應付各種緊急情況，他深信自己勝任這份

工作。

　　軟弱的人、缺乏自信的人、害怕失敗的人，從內心來講都是懦夫，無論他怎樣為自己辯解，通常都是把自身的錯誤推到別人身上。

　　愛默生（Ralph Emerson）說過：「自然的法則就是：如果勇於嘗試，你就會得到力量，反之亦然。」

　　我曾經詢問西奧多・N・魏爾，請他提供一份「成功的配方」，他的答覆是：「集中、刻苦、堅持、良好的判斷力、想像力以及勇氣。千萬不要輕易氣餒。」

　　失敗者通常不願責怪自己，反而認為全世界都在和他作對。

　　有勇氣的人處於逆境時，不屑於怨天尤人，「我才是命運的主人。」他這樣對自己說 —— 然後籌劃、行動並且堅持。

　　掌握了乘法表的小學生不用害怕課堂測驗，而逃避學習的學生被老師叫到黑板前面時，則會嚇得發抖。

　　在人生這所大課堂中亦是如此。

　　如果我們透過認真刻苦的努力，學到了我們應該掌握的東西，就可以帶著自信和勇氣，坦然面對各種挑戰。

　　如果我們逃避了學習，則可能表面裝出一副有勇氣的樣子，內心卻有一種懦弱的罪惡感。

　　有四張同花色的牌手可能在牌局上故作鎮定，表現得非常

大膽，但是他心中清楚，一旦被叫牌，必輸無疑。

我們遲早會在人生中被叫牌。

沒有勇氣，就無法到達成功的頂峰。

不經過困難的磨練，就無法在最大限度上激發我們的勇氣。

我們能透過對自我的控制和掌握，以及對工作的熟練與精通，最終征服恐懼、獲得勇氣。

簡言之，勇氣源於我們的內在本質。

二、怎樣在事業方面培養合適的勇氣

勇氣有很多種，在不同的情況下，人們選擇不同的勇氣來解決所面臨的問題。讓我們來分析一下你的情況，看看哪一種勇氣最適合你。

你是否害怕自己的妻子？當她在生活方面的花費超出了你的支付能力，導致財政赤字不斷上升的時候，如果你沒有勇氣讓她面對現實，根據你的收入狀況，在生活上量入為出，以便消除赤字並留下積蓄，那麼你就會陷入負債的境地，面臨牢獄之災。即使你能把債務控制在合理的範圍，拆東補西、寅吃卯糧、勉強度日，這種糟糕的情況也已經破壞了你在事業上有所進取和成功的機會。

　　你是否不敢得罪自己的夥伴？當他們邀你去喝酒或者抽雪茄 —— 這樣做會損害你的健康，或者拉你參加一些會損害你名聲的賭博時，你是否無法對他們說出「不」字？清醒過來吧，你得學會面對自己不願看到的場面，咬緊牙關堅強以對，現在就行動起來。

　　另外，還有些人天生膽怯，生怕自己將來變得貧窮，所以在金錢上斤斤計較，這樣的人遲早要讓自己和妻子挨餓，損害兩人的健康。他否認自己和家人應該得到一些必需的娛樂和精神方面的享受，無視人生的豐富與美好。他們屬於典型的吝嗇鬼和守財奴，所有的吝嗇鬼都是懦夫。也許你還不到吝嗇鬼的程度，但是身上已經具備了吝嗇和貪婪的特質，那麼你可能已經離吝嗇鬼不遠了，你會發現自己在內心深處害怕花費那些應該花出去的錢財。現在請好好想想，你是不是這種類型的人呢？

　　這樣的人一般不敢在事業上承擔任何風險。各種類型的商業其實都具有賭博的性質，有利可圖的機會都存在一定的風險。如果膽小保守到一定程度，你的利潤就會下滑。所以，當機會女神來到你的面前，你一定要毫不畏懼地擁抱她，盡情親吻她的嘴唇 —— 難道聽到這樣的比喻，你也仍然退縮不前嗎？

　　你是否曾經讓機會白白溜走？

　　好好想想，你是否有過這種情況？如果答案是肯定的，那麼

請鼓足勇氣，堅定地做好準備，迎接下一個機會的到來吧——因為每個人都有自己應得的好運，如果他能看到這種運氣並且好好利用的話。

在商業活動中，最雄偉的勇氣堡壘和要塞，建立在對工作的精通、對客戶的掌握、對商業情況的熟知等基礎之上。這種堡壘一旦建成，當你遇到好的機會時，就沒有什麼東西能阻止你得到它，有巨大勇氣的人自然會奮戰到底，直到戰役勝利那一刻為止——這也是存在於眾多的美國商業領袖身上的令人羨慕的特質之一。你的認知水準會不會只停留在事物的表面，每日做著最簡單的事情，讓人看來似乎這樣是最穩妥最適當的行為？或者你能踏在知識的磐石之上，與堅定不移的勇氣為伍，即使世人的意見與你相左？

如果你認為自己有充足的勇氣，那麼請分析一下它是否屬於適合你的那一種。

你是不是一位輕率的投機者？那絕不是有勇氣的行為。

你會不會對任何取笑你的人揮起拳頭？那也不是真正的勇氣。

或者，你身上是否有一種穩定不變的特質，會讓你在應該拒絕時，平靜堅定地說「不」；或在應該接受時，平靜堅定地說「是」！

發展勇氣之道，首先要誠實地對待自己——然後每天堅持鍛鍊和強化自己的精神力量，在精神上「咬緊牙關」，加上真

誠、嚴肅的自我反省，每日如此堅持下去，就會讓你的勇氣像
鍛鍊過的肌肉一樣，獲得與日俱增的力量。

　　你是否需要這種練習？

　　可不可以現在就開始呢？

第二十四章
自立是希望、靈感和勇氣的泉源

自立是一種多元化的美德，是集勇氣、幹勁、希望、決心、熱情、抱負和堅持於一身的特質。

一、自立在本質上是一種合理的自信

「如果只對別人言聽計從，那麼我將一事無成。」克里斯多夫‧漢尼維格說，他是一位出類拔萃的來自挪威的年輕人。歐洲的大戰爆發之後，他便來到美國，以一萬美元作為本金進入了航運業，三年之後，他擁有的資本達到了一千萬美元。

這個年輕人擁有自立的品格。

缺乏自立，任何人都不會獲得最大程度的成功。

自立的一個比較完美的定義是 ——「一種多元化的美德，是集勇氣、幹勁、希望、決心、熱情、抱負和堅持於一身的特質。」

約翰‧D‧洛克斐勒曾對我說：「年輕人總是希望別人為他們代勞許多事情。透過對自己事業的全面了解以及對錢財的節省，他們終將把自己武裝起來，具備獨立做事的自立能力。」洛

克斐勒先生就是他那個時期由自立走向成功的偉大人物之一。

與之相似的還有一些成就卓著的商業領袖 ── 哈里曼、弗里克、史蒂芬‧傑拉德（Stephen Girard）、伍爾沃斯、范德比爾特、A‧T‧史都華（Alexander Turney Stewart）、愛迪生、希爾、魏爾、凱理、羅伯特‧大萊等人。

自立產生勇氣、信念、決心和永不言敗的精神。

缺乏自立，就無法克服前方道路上那些必然到來的困難。

自立是希望、靈感和勇氣的泉源。

它為意志、頭腦和四肢增添力量。

自立如同一根結實的撐桿，你可以利用它越過人生的障礙。

失去自立，你將變得軟弱、膽怯、猶豫。即使只是看到困難的影子，你也會嚇得顫抖不已。

如果懼怕失敗，你就已經是半個失敗者了。

福煦元帥曾經說，一場在精神上被敵人打敗的戰役才是真正的失敗。正如馬恩河戰役中的法國，雖然遭遇了一定的失利，但他們的精神沒有戰敗，所以當福煦下令進行反擊的時候，他們可以轉敗為勝。

阿基米德（Archimedes）正是以「給我一根足夠長的槓桿和一個支點，我可以撐起地球」的言論而聞名。

現代社會中，具有阿基米德精神的人們，正是那些為自己

製造槓桿和支點的人。他們不會坐等別人把這些工具遞到自己手裡：他們會主動尋找這些工具，或者製作這些工具。

信念和自立這兩樣東西，要靠你自己去尋求，而不是別人施捨。

「胸無大志，難攀高峰。」

不要做精神貧窮的小人物，而要培養拿破崙般的高貴氣質和雄心壯志 —— 拿破崙不僅充滿自信，而且站在數十萬人的軍隊面前時，會用自己的精神力量激起他們必勝的信念。

一位經驗豐富的主編多年前曾經對我說：「不要讓那些適合用大字型標題的故事使用小標題，因為讀者會認為這個故事的內在價值不高，不會予以重視。」

「自己不動，叫天何用。」這是索福克里斯（Sophocles）的名言。

「世界站在那些知道自己前進方向的人那邊。」大衛・斯塔爾・喬丹（David Starr Jordan）如是說。

現在你應該抓住問題的本質了吧。

你必須知道自己的前進方向。

無知的人永遠無法自立。

自立必須建立在牢固的基礎上。

自立形成於自信之先。

　　大衛如果沒有準備好自己的投石機弦的話，是無法戰勝強大的勇士歌利亞的。他的自信並不是盲目的，正因已經做好了準備，所以他有理由相信自己的能力，他深知憑自己的技巧，一定能夠用石頭準確地擊中那位傲慢的巨人的前額。

　　我們的士兵在上前線之前或許士氣高昂充滿自信，但是如果不在戰壕中進行適當的準備和訓練，則很容易被敵人打敗，因為之前的所謂信心是沒有準備的、缺乏根基的盲目自信。

　　當塔爾蘇斯的掃羅皈依基督，改名保羅，成為耶穌的使徒之一時，他表現出了非凡的信心。在艱難時刻仍能保持信念，這是因為他的自信建立在堅實的信仰之上。

　　被迫退位的俄國前沙皇就是缺乏自立的代表人物，他的無能導致了自己悲慘的命運。

　　德國皇帝是世界上最為典型的狂妄自大、荒謬蠻橫、剛愎自用的人。他已經被歷史毀滅了。

　　自立必須植根於健全的頭腦和心靈之中。

　　自立在本質上是一種合理的自信。

　　具備足夠的個人能力的人方能自立。

　　停止盲目的自信吧，盡可能多地增加自己的才幹才是正途。

　　非理性的自立，是一種愚昧的自大。

　　當一位冷酷無情的拳擊手走進拳擊場，面對傑斯‧威拉德

(Jess Willard) 的挑戰時，他沒有什麼自信能夠挽回自己失敗的命運。

真正的自立和自信可以使你充分地抓住機會，這種品質只能來自個人對美德、技能和經驗的培養與累積。

有一本書名字叫做「每個人都是自己的律師」，一位看過此書的聰明的律師曾經建議，這本書應該再加一個副標題——「但是每個案子都輸」。

非理性的自信與合理的自信之間的區別，類似於驕傲自大和真正的勇氣、狂妄和勇猛之間的區別。

你一旦選定了目標，就應該不斷提高自己的能力，為真正的自信和自立打好基礎。

工程師們不會讓重量為一百噸的貨物通過承重能力只有十噸的橋梁，人的自信也是建立在具備相應能力的基礎之上的。

在你付出大量的汗水、進行艱苦的訓練，最終成為一名熟練運用投石機弦的大師之前，不要惹起巨人歌利亞的怒火。

而世界上的事情往往是這樣，那些能力最差的人往往自信滿滿，能力強的人卻缺乏應有的自信。

對自己的信心一定要有相應的能力做後盾，然後你才能真正地做到自立。

我們要像大衛、摩西和約書亞等人那樣，做到實力與勇氣兼備。或者，在現代人中選擇人生榜樣，比如哈里曼，他白手

起家，依靠奮鬥得到美國數一數二的鉅額財富和權勢；比如伍爾沃斯，他曾被迫關閉了自己創辦的五家商店中的三家，經歷了巨大的失敗，卻毫不氣餒，如今他已擁有一千多家商店，並獲得相當於好幾個百萬富翁賺得的財富；比如愛迪生，他經歷了二十五萬多次發明實驗的失敗，卻從來沒有灰心喪氣過。

明智、理性的自信和自立，源於你清楚自己的能力和內在品德，清楚自己將會取得什麼樣的成就。

只是空想卻不行動，你會一事無成，同樣地，用虛假的信心迷惑自己，卻沒有理性和能力作為支柱，終有黃粱夢醒之時。

我初次接觸高爾夫運動時，對自己的表現缺乏自信，但是當我坐到西洋棋棋盤面前，充足的自信又回到了我的身上。為什麼？因為我知道自己高爾夫球打得不好，但在少年時代的那些漫長冬天裡，居住在荒涼鄉村的我沒有什麼別的遊戲可以消遣，只好下棋取樂，居然成了西洋棋的高手。

一天，鄰居年幼的女兒冒冒失失地闖進游泳池，儘管她一點都不會游泳，幸好最後得救了。驅使她進入游泳池的原因，可能就是一種非理性的自信。我的另一位朋友，可以潛在水下，從池塘的一頭游到另一頭，這種自信就是合理的，因為他是一位游泳好手。

學習成功就像學習游泳，必須具備足夠的自信，但也要掌握必需的知識和能力。

有人問 Ｄ‧Ｏ‧米爾斯：「您的成功得益於什麼樣的影響？」他回答：「我很小的時候就受到教育，明白任何事情都應該靠自己，未來掌握在自己手裡。然後我就嘗試自我奮鬥，這是一個好的開始。我從來沒有把時間浪費在等待財產的繼承上，這種問題經常會拖住年輕人的後腿，很多人因此浪費了他們的黃金年華；另外，當得到了鉅額遺產後，他們根本不知道應該怎樣利用它，因為他們沒有培養自己管理錢財的能力。除了好名聲，我從自己的家庭和親戚那裡沒有得到什麼財富。而且，即使繼承到一小筆財產，在一個孩子眼裡也會感覺得到很多，他的鬥志就會隨之銷蝕，這對他來說是巨大的損失，因為他失去了培養取得成功所需的習慣的機會。」

發展全面的個人力量 —— 同時最大限度地培養自信與自立的特質。

學習別人的長處，但不要依賴他們。

你必須用自己的雙手為未來鋪路搭橋，才能走向成功。

你必須擁有強而有力的臂膀和充滿智慧的頭腦。

同樣不可缺少的是堅定的腳步以及清醒的心智，昂首挺胸地踏上沒有遲疑猶豫、毫不動搖、一往無前、充滿自信和自立的成功之路。

二、怎樣實現理性的自立

　　我們必須像科學家從事精密的實驗那樣，認真分析和秤量自立的性質，看看我們所擁有的這種特質是否建立在理性的基礎上，一旦它走得太遠，就與愚蠢無異──而再也不是真正的自立。你必須依照自己的心理特點，運用某些原則進行分析。

　　首先，自立是一種貫穿一生的特質。一個人付出努力和汗水，為了實現和保持自立會進行終生的奮鬥。自立源於對某些事物的掌握和自信，而缺乏自信和謙虛是兩種截然不同的狀態。一個在某些方面取得顯著成就的人，比如某位業務員，雖是銷售奇才，但如果他和人們談論起自己不熟悉，或是沒有經過專業訓練的事情，例如音樂，就會表現得比較無知。當然也有例外，但人們一般都把主要的精力放在某一方面的事務上，作為其終生的事業和努力的目標。只有長期專注於某項事業，才能獲得穩固的自信和理性的自立。

　　我們之所以需要把畢生的精力都傾注在一項事業或者某個方面的事務上，是因為我們堅信自己在某些方面必然有所擅長，取得成功相對比較容易。雖然一時無法證明，但是好好考慮一下，你就會嚮往這種成功，為此感到滿意，這時你身上那種潛在的、安靜的自信和自立感就會達到最佳狀態。不要跟別人談論這個，因為真正的自信很少跟自吹自擂和多嘴多舌的人

產生什麼連繫。但是，如果表現的機會到了，一定要充分、勇敢地發揮自己的才能和潛力，表現出完全的自信和自立。你也可能遇到失敗，也可能誤判了自己的能力，但是沒有關係，既然你已經決定把整個生命都投入到這項事業中，那麼你就擁有一生的時間追求成功。勇敢地承受失敗，然後再次開始 —— 一次、兩次、三次，不達目的絕不罷休。一旦決定了終生事業，就要避免出現有勇無謀的盲目嘗試，只有驕傲自恃的人才會犯這樣的錯誤。

許多人準備了很長時間，但挑戰一旦來臨，就臨陣退縮了。他們沒有勇氣破釜沉舟、不惜一切地贏得勝利，卻很有可能在諸如賽馬這種賭博上賠光身上的每一分錢。輪到施展自己的能力，做自己必須該做的事情的時候，我們應該挺身而出，否則就是一個失敗者，如果你猶豫或者退縮了，就是一個不折不扣的膽小鬼。

簡單地說，產生緊張、猶豫、退縮等情緒的原因，從根本上說都是缺乏自信和理性的自立。

因為我們很難從一個人的外表看出他是不是一個傻瓜或者膽小鬼，所以希望讀者回想一下過去的事情，看看在不同的重要時機面前，你是如何表現的。

把你離開學校、參加工作後發生的與事業有關的主要事件（不包括其他的）按照先後順序列出來：

你所遇到的第一個重要機會是怎樣的？

請寫下來。

你是怎樣對待這次機會的？

請拿出勇氣，誠實地寫下真實的情況。

下面寫出你所遇到的第二個重要機會。

也請你把當時的真實情形寫出來。

以此類推，一直寫到最近一次事件為止。

　　如果你能認真研究一下這份詳細的紀錄，就不難發現自己是否缺乏自立和自信。如果答案是肯定的，你唯一要做的就是集中全部的意志力，克服這種缺陷。

第二十五章
用服務意識開啟任何一扇成功之門

我們在索取某樣東西之前必須有所付出，沒有耕耘便沒有收穫。同樣地，我們必須透過服務來換取報酬，透過服務來收穫成功。

一、提供怎樣的服務就會得到怎樣的獎賞

人們為了保衛國家而拿起武器加入軍隊的行動，叫做「服役」。

這是愛國主義的最高形式，是一個人能為他的國家做出的最大付出。

人們服役的過程，就是為他人服務的過程。

通常，能夠為他人提供服務，要比享受別人提供的服務高貴得多。耶穌基督就曾親自為他的門徒洗腳。

古人在選擇統治者時，要找出那些最有能力為人們服務的人、那些以自己的傑出才能脫穎而出的人、那些成功地為公眾趕走敵人的人 —— 威爾斯親王的座右銘是「我服務」。

後來的國王們則不同，他們不再把服務作為自己的首要職

責，轉而要求別人為他們服務。

他們就透過這種方式親手選擇了自己的末日。

任何人，即使是動物，都無法忍受長期付出無休止的、不合理的繁重服務。

世人往往忽略了這個道理，不只是那些統治者，還有那些龐大的企業和組織、富人們和有影響力的政治家們，為了一己之私，只讓人為他們服務。他們都善於利用別人，而不是努力讓自己變得對別人有用。

這樣做通常會為他們帶來很大的教訓，因此為大眾服務的理念又重新流行起來。

國王們、各種組織、鐵路公司、超級富豪和政治家們從教訓中學到，他們之所以存在，是因為互相服務是人活在世上必須盡到的責任，他們必須擔起這一責任才能保住自己的地位。

不勞動者不應得食。這條約定俗成的法令展現出最基本、最樸實的真理。

勞動即是服務，而且是有用的服務，它推動著整個世界向前發展。

許多的個人和強而有力的組織，都喜歡設想自己的成功。根據他們的想像，這種成功不是建立在自我付出勞動的基礎上，而是建立在對他人的奴役上。

商務活動，尤其是那些「大生意」，隨之退化成了為了取勝不擇手段的摔角遊戲，人人都想將對方除之而後快。這種現象的產生，正是由於人們忽視了基本的做人準則，致使那些無視道德規範、藐視基督教精神的做法大行其道。

「在別人幹掉你之前把他幹掉。」這句話一躍成為流行的格言。

競爭成為商業世界之神，這位神明提倡殘酷無情的商場拚殺。任何有悖道德的舉動，甚至是危害他人生命的不擇手段的競爭，都被他宣布為合法，致使大眾權益遭到隨意踐踏。但是，世間自有一種公正，是任何君主、托拉斯形式或者其他強大的勢力永遠都無法踰越的。上帝制定的自然規律對他們的懲罰遲早會到來。

正如黑暗無法阻擋太陽的光線將其穿透，人們終將告別黑暗迎接黎明。雖然前面提到的這股蔑視人類道德的冷酷力量妄圖在世上建立一種基於強權而不是公理的新秩序，但是它的進展並不順利，因為它自身存在致命的弱點。明智的人意識到，公平正義的原則一定會回歸，公理必定取代強權。公正的做法應受到鼓勵，不公正的舉動必然遭到唾棄。

就像陽光逐漸撥開烏雲，一條閃光的真理已經在世人心中形成：「個人和商業組織必須提供應該提供的服務方能生存。」

「success」（成功）這個英文單字不再被拼寫為滿是美元符號的「＄UCCE＄＄」，而是拼為「service」（服務），對競爭的盲目

233

崇拜應該讓位於對互助與合作的大力提倡。

最近幾年，各種組織和商業企業紛紛把自己的宗旨改為「服務」，所有的商業形式從根本上講都是一種服務形式。商業可以簡單地理解為：提供服務，得到報酬。

我們目前還沒有達到這種境界，那些提供最多服務的個人或者公司，總是能夠得到最多的酬勞；但是我們正在朝著這種理想狀態發展。

初入商界的年輕人渴望成功，但是必須意識到，他的成功，與付出的服務是成正比的。糟糕的服務只能換取少量的報酬。

而了不起的服務，一般會得到極為慷慨的獎賞。那些一心想著成功的人，必須學會怎樣提供最好的服務，怎樣努力才能得到高額的報酬，怎樣讓自己變成一個更加有用的人。

無可否認的是，最富有的人並不是每次都能給人們帶來最有價值的服務，但是那些能夠依靠自己的力量賺到巨大財富的人，一定掌握了更高級的技巧，對事物研究得更透澈，工作更努力，籌劃起來更一絲不苟、更有遠見。

在不久的將來，人們付出服務之後一定會得到更為公平的報酬。每個人都應該捫心自問：我要怎樣才能為世界做出更多的貢獻？透過自我訓練，我能提供給人們的最有價值的服務是什麼？怎樣才能盡我所能，透過學習、自律和奮鬥去實現最大的人生價值？

　　那些只顧自己利益的公司和組織也不會有長遠的發展，如果它們不把眼光放遠一點，多多考慮客戶、合作夥伴以及公眾的利益，就會永遠停滯不前。

　　約翰・海斯・哈蒙德說：「金錢應該透過正當手段得來。真正的成功只能透過為某個群體或者國家的利益服務獲得。除此之外，別無其他形式的成功。一個人若有幸得到同胞的尊敬和愛戴，可算得是最大的成功。」

　　一位十分成功的商業人士曾說：「處理好人際關係的最佳途徑是為別人服務，服務別人之前首先要了解他們。對人性的研究，包括對你自己的研究，可以讓你知道什麼樣的服務更加有效。普通意義上的服務，比如商業銷售，你無須花費太多口舌向顧客介紹自己產品的機械原理有多麼完美，更重要的是展示這種產品可以為購買者帶來怎樣的服務。」

　　通常，提供怎樣的服務就會得到怎樣的獎賞。換言之，我們必須提供全面的、合理的服務。透過服務可以開啟任何一扇成功之門。「盡力榨取最大利益」這句話在現代商業社會應該被「盡力提供最優質的服務」所取代。

　　我們在索取某樣東西之前必須有所付出，沒有耕耘便沒有收穫。同樣地，我們必須透過服務來換取報酬，透過服務來收穫成功。

▌二、怎樣培養服務的心態

　　應用心理學最重要的原則，就是精神作用與反作用是對等的。將注意力集中到某個想法上，會自然而然地做出行動，除非受到相反想法的阻擋。這個規律適用於每個人 —— 把你的注意力集中在某個想法上面，反覆思考，你就會有一種習慣於去做這件事的自然傾向。你在試圖對他人產生某種影響時，也可以利用這個規律 —— 讓他們把注意力集中在你的優質服務上，他們自然會產生一種願意為你提供服務以示報答的傾向。

　　在獨裁專制的國家裡，人們所做的事大多出於被迫，因為暴政的懲罰太過嚴厲，人們為了躲避它，不得不做己所不欲之事。美國的商業沾染了一些這樣的元素，所以儘管它以自由為原則，但仍帶有政治色彩。目前在商界比較流行的思想，就是用各種方式把大眾逼到「牆角」，讓他們不得不購買某種產品。這樣做的缺陷在於，當你的產品屬於某種硬性需求時，這種逼迫的形式或許有效，但當人們找到另外的解決之道時，就會停止購買這種產品。正如德國政府也曾經在政治方面向全世界施加這種壓力，我們可以看到，這樣做是多麼的徒勞，沒有人自願買他們的帳。這種「擠壓」式的策略也同樣存在於托拉斯這種形式中。

　　人們發現，現代商業世界中，透過在數字方面的精打細算

以及真誠的服務，可以造成與「牆角」類似的促進購買的效果，人們認為這是一種自願的購買行為，而不會感覺自己受到任何強迫。這才是真正有效的推銷模式，因為它是自然誘發的，所以消費者不會有被迫的感覺，也沒有任何後顧之憂。透過這種途徑還可以建立起巨大的商業信譽，而信譽是唯一能夠讓企業延續下去的東西，也是一個健康長久的企業所能建立的唯一準則。

現在，不妨直截了當地分析一下：你個人或者你的企業是否建立在服務的原則之上？你是否相信，以滿足別人的願望的方式與使用某種強迫的方式相比起來，更能讓人們按照你的想法去做？

然後看看你在商業活動中的具體表現。請準備一張紙，在中間畫一條直線，在左半部寫下那些接受你的服務之後成為你的忠實客戶的事例，右半部寫下那些帶有強迫性質的做法——人們雖然不喜歡這樣的做法，但由於某些制約因素，不得不進行購買。

你也許會覺得自己無法避免輕微的強迫行為，但是請逐個分析這些事例，看看能不能提出更好的調整方案，從而引發更多自覺自願的購買行為，代替強迫性銷售。細節在任何時候都很重要——即使是最瑣碎微小的事情，也會影響到顧客的感覺和態度，甚至比整體過程的影響力更甚。現代服務理念要求在

每個關鍵點上都建立自由的、具有互助性的合作關係，不管是否有利可圖，因為你所做的每一件小事而產生良好的印象，顧客遲早會在優質服務的感染下慷慨解囊，並很高興地付款。這就是我們需要利用這種細節分析的方法檢查自己的商業習慣和表現的重要原因。

第二十六章
忠誠是成功的基礎

忠誠是個人成功的基礎，也是一個家庭、企業或者國家取得成功的必備特質。

一、忠誠是公司最有價值的資產

當一群著名的成功人士正在討論，具備何種品質的員工或者客戶是公司最有價值的資產時，「忠誠！」J‧P‧摩根公司的著名合夥人亨利‧P‧戴維森這樣回答，他的意見立刻得到大多數人的認可。

忠誠是個人成功的基礎，也是一個家庭、企業或者國家取得成功的必備特質。

舊時的偉大帝國就建立在忠誠的基礎之上，當領袖們拒絕為國家效忠時，帝國就會瓦解崩潰。

是什麼力量讓一個有史以來面積最寬廣的帝國崛起？是不列顛民族的忠誠，它存在於大英帝國的每條血脈之中。

是什麼力量使天主教會這一古老的組織從數十個世紀的歷史中延續下來？是神職人員和教眾的忠誠。

一支偉大軍隊的力量來自哪裡？來自每一名士兵對首領的忠誠。缺乏忠誠的軍隊如同一群烏合之眾，毫無力量可言。

是什麼造成了俄羅斯帝國的龐大軍隊的崩潰？什麼造成了義大利軍隊的四散奔逃？是對德國政府征服世界的、陰謀的、潛在的不忠誠和不信任。

不忠誠會導致內部瓦解，是走向衰亡的催化劑。

忠誠，是一種包含信念、堅定、信任、依賴、團結等因素的綜合特質。

哪些行為與不忠如影隨形？背叛、欺騙、暗算、惡毒密謀，不忠就像隱藏在刺客身上的匕首。

歷史上，無論在宗教還是在世俗方面，誰的名字最常受人詛咒？

猶大，從他背叛了耶穌基督的那一刻開始，「猶大」這個名字就成為令人厭惡、面目可憎以及卑鄙惡劣的同義詞。

19 世紀最大的商業組織的建立者約翰‧D‧洛克斐勒被問及其成功的祕訣時，這樣告訴我：「我們把全國最有能力的頭腦集中到公司來，大家開誠布公、齊心協力，每個人都在事業上付出極大的努力和忠誠。」

如果美國鋼鐵公司的 E‧H‧凱理沒有成功喚起多位工業大廠以及數千名職員的忠誠合作，就不會有輝煌的成功。

伯利恆公司的巨大成功，不僅歸因於查爾斯‧M‧施瓦布的卓越才能，還離不開在公司成立時，施瓦布先生挑選出來作為其合夥人的十五名工人付出的忠誠、熱情和有力的支持。

缺乏忠誠，人們在任何方面都不會取得什麼成就。

即使是盜賊也崇尚忠誠，曾有諺語說：「盜亦有道。」

忠誠的重要性自不待言，我們要問的問題是：怎樣激發和培養忠誠？

一個人要贏得和引發忠誠，他確立的目標就必須配得上這種特質，值得付出全心全意的努力。

厭惡自己工作的人永遠都不會成為忠誠的員工。

慣於用欺騙手段對待客戶的公司老闆，他手下那些正直的員工也不會對他表示忠誠。很多雇主一方面慫恿雇員們用不道德的手段對待顧客，另一方面仍然希望培養出來的員工對他效忠。如果你讓你的雇員欺騙別人，你就必須做好準備，以防他騙到你身上。

獲得成功的先決條件之一，就是進入值得你付出忠誠的行業和企業。

忠誠不僅是指個人每日盡職做好本分，還包括更多無法用言語描述的東西。

忠誠的員工時刻有所準備，如果出現緊急情況，他就會犧

牲自己的舒適，甚至是自己的利益。他一定不會為了一時的好處就不顧公司的利益，他不僅投入自己的才智，而且把熱情、興趣和強烈的意願都投入到本職工作中去。

一位成功的商業女性最近告訴我，當她只是一個小職員時，需要做的工作是為商業信函加上地址，她處理每一個信封時都全心投入。

這就是真正的忠誠。

忠誠與工作的關係，就像那位小男孩所說的鹽與肉的關係——「沒有鹽，連肉也變得難吃了。」

忠誠就是加倍的服務。

儘管難以給出其完整定義，但忠誠是很容易被察覺到的，最成功的公司老闆都渴望得到忠誠的員工，並且十分樂意給他們應得的獎賞。

無論某位雇員多麼聰明有頭腦，多麼有雄心壯志，如果他的雇主發現他缺乏對企業的忠誠，就不會對他委以重任，因為不忠會引發不信任。

歷史上，許多國家、組織和個人面臨危急關頭時，最需要的就是人們的忠誠。

沒有人能夠想像，如果沒有納爾遜勛爵（Vice Admiral Horatio Nelson, 1st Viscount Nelson）在特拉法加灣用旗幟作為訊號，向艦隊發出不朽號召：「英格蘭期盼人人恪盡職守」，世界的命

運將會發生多大的改變。

沒有任何一個歷史時期像今天這樣需要我們對國家付出忠誠。或者我們可以利用這個機會培養自己的忠誠 —— 是的，我們也可以在忠誠感中生活 —— 這是從來沒有過的。

在日常生活中，我們可以透過幾乎每一個細微的舉動來展現忠誠或者不忠 —— 比如，透過我們在飲食方面的表現，如省下肉食和小麥作為軍隊的補給，來表達對國家的忠誠；透過購買或者不購買自由公債表現我們對戰爭的態度；是放縱自己還是拒絕參加不合時宜的奢侈享受。

美國人如今有機會把一個人一生的愛國主義情懷「濃縮」起來，傾注到對國家的忠誠支持上。

我們的國家比以往更需要我們付出忠誠，偉大的商業組織同樣需要他的成員們付出忠誠，如果他們無法熱情洋溢地投入自己的工作，就不適合留在這樣的公司。

當一個人在艱苦的條件下表現出高度的忠誠，盡職盡責地提供服務時，他就有資格得到慷慨的獎賞。就像聖經中那位僕人，將主人給的一錠銀子物盡其用，發揮自己的才智賺來十錠銀子時，主人對他的獎賞 ——「你既然能在最小的事上有忠心，就能執掌管十座城的權柄」；而把主人給的一錠銀子保管起來，什麼事情也沒有做的另一位僕人，最後連僅有的這一錠銀子也失去了。

　　那些有能力、能夠自律、不斷鍛鍊自己，在各方面把自己武裝起來的人，才能更為出色地表現忠誠。

　　忠誠，是一種無私的、時刻準備把某個組織或者國家的利益放在第一位的特質。這種無私和自我犧牲，應該也展現在這句名言中：「對你自己忠實，並長久堅持，你將不會對別人虛情假意。」

二、怎樣解決與忠誠有關的問題

　　現在，你已經明白忠誠的益處，但是怎樣才能在自己身上展現這種美德呢？

　　照例，還是請你拿起一枝鉛筆，我們來分析一下你的情況。

　　我們忽略那些跟私人關係有關的忠誠，比如你在公司受到別人的誘惑時，對與你訂婚的那位女子保持忠誠，或者忠於自己的父母等等，著重探討在商業關係中產生的與忠誠有關的問題。

　　假設你有一位人品有問題的雇主，當你發現如果有必要的話，他會毫不猶豫地出賣你時，你會對他保持忠心嗎？

　　在這個例子中，你的忠誠原則與雇主的毫無原則產生了衝突，你唯一能做的事情就是盡快離開這位雇主，尋找一位為人

正直的老闆，加入他的企業，對他表示忠誠。

當你得知或者相信自己的上司沒有資格得到你的忠誠時，如果你還繼續為他效力的話，就是對你自己最大的不忠。

如果你身為上司，發現了不忠誠的雇員則是另一回事，你可以憑藉自己的判斷來決定是否終止這段僱傭關係。不可否認的是，大部分雇主都特別害怕遇到不忠的下屬，他們不會冒險與這樣的人繼續打交道。

我就曾經和許多不正直的人做過生意，但是我知道自己可以控制這種風險，並且做好了應付任何緊急情況的準備，一旦出現什麼情況，我的神經就緊張起來。我發現和那些自己完全相信的人做生意是一種更好的選擇，我可以和他們建立起穩定可靠的相互信任與忠誠關係。

假設你的雇主正直誠實，但是有時你認為自己的利益和他的利益無法協調一致，你應該堅持自己的利益還是他的利益呢？

我認為答案是相當明確的，你可以坦率地告訴他實際情況，表示在目前的環境下你還是應當先考慮自己的利益，如果不打算告訴他這一切，你就應該毫不猶豫地放棄自己的利益轉而維護他的利益。

當然，我們還是希望雇員和雇主的利益能夠協調一致，這也是最常見的情況。你會對雇主產生一種發自內心的尊敬，同

時還希望他對你也能有同樣的感覺。

這樣你就可以安心地盡職盡責，努力發揮自己的才能，忠誠地為企業服務。每位商務人士都應該對他的客戶抱有一種忠誠感，就像每位雇員對他的雇主應該做的那樣 —— 這種忠誠會使他們極力提供最好的服務。

你現在是否就處在上面這種狀態呢？你是否已經準備好，隨時為你的雇主、你的雇員或者你的客戶提供最好的服務？

如果答案是否定的，請設法盡快讓自己達到這種狀態。

如果答案是肯定的，請猜想一下你的忠誠能夠達到什麼程度，是有限的，還是無條件的？

如果你承認是有限的，那麼你是否意識到，如果對某項事業的忠誠達到一定程度，把它當作自己的事業來看待，它就會給你帶來巨大的回報？

請記住，你對自己的雇主付出多少忠誠，他就會回報多少忠誠。

你的雇主對你的忠誠程度是否滿意？

如果不滿意，請在事業上投入更大的努力。

不妨坐下來，為你的雇主寫一封信，告訴他詳細的實際情況，和他探討一下各種細節。用這種書信的交流方式，你可以更好地掌握對方的情況。

第二十七章
記憶力是一個人最寶貴的資產

良好的記憶力，對於在金融、工業或者商業方面取得成功是不可或缺的。

一、記憶反映的是我們用心去記的事情

美國最大的商業集團的主席詹姆斯·A·法雷爾是我見過的擁有最強記憶力的人。

當初，一位年輕人得到了丹佛電力公司的一份辦公室工作，工作的主要內容是記住每個客戶的名字，以便在他們來公司繳納每月的費用時能順利接待。如今他已經成為多個商業集團的負責人或董事，儘管他只有 45 歲。他的名字是弗蘭克·W·弗魯奧夫。

芝加哥大火燒毀了城中幾乎所有的法律書籍和檔案，律師們驚慌失措，沒有這些資料作為參考，他們無法在起草檔案時使用正確的法律術語。直到他們發現一位年輕的律師，可以依靠自己的記憶寫出措辭完全正確、格式得當的各種法律檔案。他就是現在世界上最大的商業集團的負責人——E·H·凱理。

　　當年，一位來自西部農場的男孩，決定透過訓練記住大量的人名和面孔，以便幫助自己建立一個廣闊的商界社交圈，時至今日，他還能叫得出很多銀行家的名字，他就是芝加哥最大一家銀行的總裁 ── 喬治·M·雷諾茲（George Manning Reynolds）。

　　詹姆斯·J·希爾是美國有史以來最偉大的鐵路建造者，他是對美國西北部的鐵路建設所做貢獻最大的人，也是我見過的擁有驚人記憶力的人之一。

　　法蘭克·W·伍爾沃斯現在是美國最大的零售商，曾經把自己生意的每一處細節都記在腦子裡。

　　良好的記憶力，對於在金融、工業或者商業方面取得成功是不可或缺的。

　　而且，記憶力是一個人最寶貴的資產 ── 喪失記憶力往往導致精神失常。

　　記憶反映的是我們用心去記的事情，無論內容的好壞。

　　就像很多事情一樣，如果你忽略它，它就會在你的記憶中消逝。

　　如果得到適當的鍛鍊，記憶力就會結出無價的果實，不僅為你帶來財富，還會為你的暮年帶去歡樂。

　　懶惰的人總是抱怨：「我的記憶力太差了。」或是「我真是天生健忘。」

實際上，很少有人天生就擁有好的記憶力。

那些強大、值得信賴的記憶力通常是鍛鍊和培養出來的，是刻苦努力的結果，這種訓練的開始尤其有難度，它實質上是一種大腦的鍛鍊，透過適當的刺激，準確地回憶起相應的事情。

如同人的大部分習慣那樣，培養記憶力的習慣一旦養成，就可以在無意識的情況下自動發揮作用。

希爾、法雷爾、雷諾茲和弗魯奧夫等人小時候的記憶力並不比別人出色，但是他們都十分重視培養這種能力，並且堅持到底，所以最終能夠從中獲益。一個人只要用心培養某一方面的能力，假以時日，就能得到相應的益處。

以我為例，如果我經常思考和設想自己的寫作內容，真正動筆寫作的時候就會得到事半功倍的效果。那些著名的實業界人士對我說過的那些有意義的內容，我幾乎能夠全部記住 —— 這種能力不是天生的，而是後天激發出來的。值得一提的是，採訪這些人物時，當受訪者看到你拿出了紙筆，通常會一改自然隨意的態度，變得嚴肅起來，而且格外注意自己的措辭，他的談話更像是一篇演講，而不是日常的閒聊了。

雖然擁有這樣的能力，但是我無法告訴你哪支棒球隊是大聯盟首領，或者任何賽馬的成績好壞，我也經常忘記自己是否觀看了某齣戲劇。這是因為我不會去盡力記住棒球或者賽馬的數據，我看戲的目的只是消遣，而不是變成一本戲劇百科全書。

　　我曾經詢問詹姆斯‧J‧希爾是如何獲得非凡的記憶力的，他回答：「人們很容易記住自己感興趣的東西。」

　　法雷爾先生也用另一種表達方式表示過類似的看法，他說：「我對與鋼鐵和航運業相關的事情充滿了濃厚的興趣，因為這是我的本業，了解這些東西是我的工作。但是我不會試圖得到任何無關的多餘資訊，絕不會讓一些無用的數據占據我的頭腦，這樣我的大腦才會有更多的空間存放有用的記憶。」

　　良好的記憶力通常與良好的忘記能力共生並存。你必須將注意力集中在最重要、最基本的訊息上，堅決地把那些垃圾、無用的記憶從你的頭腦中清理出去。

　　忘記無關緊要的訊息最簡單的方法，就是不要讓它在你大腦裡停留太長時間，無視它，拒絕回憶這些訊息。

　　人類的記憶空間就像一座公寓，你可以運用理性把它裝修得舒適漂亮，它對你來說就永遠是溫馨的港灣。有人同樣也會把毫無價值、醜陋破爛、有毒有害的東西積聚在這座公寓裡，這樣不僅感覺不到舒適，而且絕不會得到什麼益處。

　　也可以把記憶比作一座花園，經過辛勤耕種和細心照看，就可以開出美麗的花朵，長出各種植物，結出豐碩的果實。如果疏於照料，只能得到叢生的雜草。

　　記憶是一塊田地，只有精耕細作和灌溉施肥才能長出最好的莊稼，當然更要付出辛苦的勞作，雜草和害蟲才不會在土壤

中肆虐生長。

即使是辦公室打雜的工作，雇主們也不會讓一位健忘的年輕人去做。

至於那些更加重要的職位，當然應該由那些記憶力出眾的人擔任，因為在這些位置會面對更多棘手的問題，如果記憶力不佳，完全無法應付。

羅馬不是一天就能建成的，培養記憶力當然也需要時間，它不會在一瞬間按照你的意願開花結果，而是有成千上萬的腦細胞等待著你去訓練。花費大量時間精力培養出來的超群的記憶力，會為你帶來無法估量的價值，遠遠超過你的投入。

有時我們還會看到一些廣告，它們紛紛向你保證，只要按照某位紳士發明出來的神奇方法進行練習，就能在短短一個月、一個禮拜，甚至一夜之間獲得驚人的記憶力。依我看來，這些發明家還不如把自己的聰明才智用在一些高尚的目的上，而不是為了賺錢。

世上並不存在什麼仙女和魔杖，能夠在眨眼之間賜予你非凡的記憶力；人們也不會憑空長出翅膀，飛向自己的目標。

必須依靠自己，依靠一步一腳印的誠實努力。

我的意思並不是說，你無法從那些長期從事專業研究的權威人士寫出的那些科學可信的書籍中得到幫助，相反，如果你能認真地研讀一本到兩本這樣的書籍，就會樹立起對記憶力培

養的重視，走上用科學方法進行訓練的正途。

但是，千萬不要認為完全依靠別人就能提高自己的記憶力，關鍵還是在於你自己，而且憑藉一己之力完全可以成功。無論多麼繁重的工作，都必須擔在你的肩頭，都必須親自去做，更不能用金錢買來輕鬆和解脫，只能靠勤奮與堅持。

「記憶力的培養，要形成有規律的習慣，才能達到理想的效果。」法雷爾先生曾經這樣說。

那些把晚上應該休息的時間用在有害或是無益的消遣上的年輕人，第二天早晨走進辦公室時，他們的頭腦絕對不會處於清醒敏銳的狀態。

因為遲滯的目光、沉重的腦袋，以及無法由大腦完全控制的身體，是不會產生完美的記憶力的。

那些讓大量與正題無關的東西充斥自己頭腦的人，一定會陷在這些無用的記憶中，任它們阻礙自己正常的思路，他們的腦中也沒有足夠的空間用於吸收那些有用的事實、人物和其他資料。

即使是有節制的飲酒也會使記憶變得遲鈍，大量的酗酒每年更是將成千上萬的人變成傻瓜。

正派、健康、有條理的生活，需要具備同樣健康、有條理的記憶力才能實現。

人類的頭腦，是一件多麼神奇的創造物，它的潛力是不可

估量的。只要你選擇了正確的方法，勤於鍛鍊，堅持到底，就不僅可以發展出強大的記憶力，還會使其他的精神力量得到高度的培養和完善。終有一天，你會讓所有的朋友感到驚奇，取得物質和精神兩方面的雙重成功。

二、怎樣培養有用的記憶力

在過去的 15 年中，專業的心理學家對人類的記憶機能進行了非常系統的研究，一些與研究結果有關的書籍也陸續推出，向普通學生闡釋這些科學研究的內容。下面是研究得出的一些基本原則：

1. 記憶主要取決於頭腦最初的銘記，以及對被記憶事物的專注。例如，如果你努力盯著某張臉看幾秒鐘，希望記住它的樣子，就應該觀察鼻子的長度，前額的高度和寬度，眼睛的特徵，顴骨、嘴部、下巴、膚色等各處特點。我們腦中首先要對幾種主要的臉型有一定的印象，如漂亮精緻型、肌肉粗獷型、德國型、英國型、年輕的美國商人型等，然後把你觀察到的臉型歸入合適的一類。用類似的方法記住這個人的名字，在腦中默唸一兩次，在想像中拼寫一遍，然後把名字和臉龐連繫起來。

當你在工作中遇到一些必須記住的事情，你是否會利用系統記憶法，一次記住某一個細節？或者，你也許會問：「我的記

憶力很差，這辦法會管用嗎？」如果利用系統記憶法，任何人都能記住這些事情。你要不要試試？

2. 為了回憶起那些記在腦中的事物，我們必須使用連繫回憶法 —— 用聯想一個接一個地回憶。這樣，當我們希望回想某些東西時，可以從一個事實或畫面跳躍到另一個，直到想起那件事物為止。

有些事實在腦中記得非常牢固，因為你太熟悉它們了。如果我們試圖記住一樣新東西，就得把它跟另一樣我們十分熟悉的東西連繫起來。透過這種輔助，我們的記憶效果要比單純地回想某個獨立的詞、畫面或者事實要好很多。舉一個簡單的例子，請你試著記住這些完全不相干的詞彙：帽子、母雞、火腿、野兔、小山、鞋、乳牛、蜂箱、猿、森林。請在頭腦中想像一幅清晰的帽子的畫面，可以將它稍稍地誇張一下，也可以把它想像成處在運動狀態的，然後把這個帽子的形象與母雞的形象連繫起來，比如設想一隻正在散步的母雞戴著一頂絲綢帽子；接著再把母雞和火腿的形象連繫起來（比如母雞正對著一塊裝在黃色大袋子裡的火腿又啄又抓），不要去想帽子；然後想像火腿和野兔的畫面，別去想母雞；接著可以設想一隻野兔從小山上跑下來的場景等等，以此類推。在 5 分鐘裡你就可以創造出一根清晰的由 10 幅畫面組成的記憶鏈條，每個詞分別出現在兩幅畫面裡。如果你想起帽子，也會聯想到母雞；母雞會提醒你想起火腿，火腿讓你想起野兔，野兔讓你想到小山，你可以很

順利地沿著這根鏈條回憶起很多畫面。然後，當你在腦中完全建立起這些畫面的場景時，就可以把它們按照一張清單粗略分類——比如食品雜貨清單，包括麵包、雞蛋、鹹肉、火柴、茶葉、鹽、糖。在腦中設想，把一片麵包與一頂帽子連繫起來，雞蛋和一隻母雞（這比較簡單）、鹹肉與火腿、火柴與野兔等等。

如果你能按照這種方法進行記憶，就能很輕易地記住大量的內容。首先集中注意力，然後建構一條內在連繫的記憶鏈，也可以把需要記住的新內容與自己熟悉的東西連繫起來輔助記憶。

3. 每個人都有一種最適合自己的、最有效的記憶方法。大多數人對視覺形象的記憶最深，但還有些人最容易記住各種聲音，還有人能透過某些肌肉的動作進行記憶，比如說話時喉部肌肉的運動。如果你最善於記憶視覺形象，那麼可以把各種抽象的東西轉化成圖形，這樣就能輕鬆記住了。Loisette 記憶法利用字母來記憶各種數字和編碼的辦法也很有效。例如，我的電話號碼是 Momingside 5770，一位朋友是這樣記住它的——對自己說「×××是一個幸運的傢伙（luckcuss），他早晨可以想睡到什麼時候就睡到什麼時候。」L-k-k-s（luckcuss）就代表了5770 這幾個數字。如果你需要記住很多數字，那一定要試試這種方法，在很多優秀的記憶法裡也能發現它的蹤影，也是大多數記憶法中最有價值的部分。

第二十八章
有益的休閒對成功影響巨大

　　休閒消遣的目的不是娛樂，也不是浪費時間，而是保持我們的健康，幫助我們恢復精力，提高工作效率。

一、有益的休閒消遣可以給人帶來靈感

　　休閒和消遣的目的是恢復精力和能量，包括我們的體力和精神，以及對工作的熱情和興趣。

　　「那些一年整整工作 52 個星期的人，無論什麼時候都達不到最佳的工作狀態。」世界上最大的冶煉和礦業家族的族長丹尼爾‧古根海姆曾經這樣說。

　　「有些人認為我像奴隸一樣終日工作，實際上，」約翰‧D‧洛克斐勒說，目光閃爍了一下，「到了 30 歲之後，我就經常偷懶。每年我都要到克里夫蘭附近的鄉下房子裡度過整個夏天，我與商業世界的連繫僅僅是一條私人電報專線。我相信休閒和消遣的功效。」

　　當安德魯‧卡內基功成名就之後，他也成了一名偷懶者。他很少出現在鋼鐵廠裡，而是在紐約享受著多采多姿的人生，

還常常去歐洲旅行，甚至去東方或者其他遙遠的地方。

最近的報紙曾經描述了科爾曼‧杜邦（Coleman du Pont）驚人的精力，他可以在吃早餐的時候考慮購買華爾道夫 - 阿斯托里亞酒店的事宜，在午餐前處理一家工廠的運作，然後，黃昏之前，他又搖身一變成為一家金融組織的關鍵人物。但是，也沒有人能趕得上這位精力異常充沛的人對運動和其他消遣活動投入的那麼多熱情和時間。

羅斯福在取得多樣化的個人成就方面，可能已經創下了全美國之最的紀錄，我們也知道他在各種娛樂消遣活動中是如何興高采烈地全情投入的。

不知你有沒有注意到，威爾遜總統，雖然處理全世界事務的重任有很大一部分都落在了他的肩上，但是他每天都要打高爾夫、駕駛汽車或者觀看歌舞表演 —— 即使工作再緊張，他也要每週去劇院觀看三次到四次表演。

實業大廠、擁有億萬美元資產的鋼鐵公司的總裁 E‧H‧凱理十分懂得放鬆之道。西奧多‧N‧魏爾也是如此，他在通訊領域的成就堪稱行業里程碑。他們兩人都已經年逾古稀，是健康長壽的代表人物。

愛德華‧H‧哈里曼則相反，他幾乎不參加什麼娛樂活動，在 61 歲時死於工作過度。

詹姆斯‧J‧希爾也是明智的人，他經常在晚上的時候演

唱《聖經》中大衛的《詩篇》(*Sefer Shoftim*)，或者聽人演奏小提琴，他本人就是小提琴專家，而且還有許多其他愛好。希爾活了 78 歲。

許多人把休閒消遣與生活放蕩混為一談，分不清前者和後者。

有益的休閒消遣可以為人帶來工作的靈感。

休閒消遣的目的不是娛樂，也不是浪費時間，而是保持我們的健康，幫助我們恢復精力，提高工作效率。

任何損害我們的身體或者精神的消遣形式無法造成上述作用。

把晚上的時間無益地消磨在酒吧裡的年輕人很難迅速恢復精力，無法高效率地投入第二天的工作。

一場庸俗粗野的喜劇對任何人的精神世界都沒有助益。

浪費揮霍我們的身體和精神能量的活動，一旦對我們造成了損害，就無法使其再生。

許多傑出的人物參加的消遣活動雖然各有不同，但是這些活動都有一個共同的作用，那就是能夠使人精神奮發。

人們創造發明出的各種形式的休閒娛樂活動難以計數。

唯一可以確定的是，世上的人無論男女老幼，都需要放鬆，需要消遣，需要娛樂，任何人都離不開休息。

英國在經歷了一年多的戰爭之後，社會上出現了一些可喜的

變化。過去的法令曾經規定，所有工廠、船塢、軍需企業和任何其他重要部門的人員每週必須工作 7 天，無論男女，每天的工作時間必須達到 12 個小時或者更多。結果，在企業老闆們的驅使之下，工人們的勞動強度達到了極限，工廠的機器不停運轉直至深夜，任何假期都得不到批准。一批有遠見的著名醫生、企業家和心理學家發現，那些工作時間最長的地方，工作效率反而是最低的，在他們的努力下，政府同意展開調查，導致「只有工作，沒有娛樂」情況的法令系統被立即廢除了。許多已經關閉的劇院又重新營業了；被禁的足球、高爾夫和板球等運動又恢復了生機；整個死氣沉沉的社會生活重新變得生機勃勃起來。

亨利‧福特讓他工廠的工人每天的工作時間從 10 小時減為 8 小時之後，產品的品質不僅沒有下降，反而有了很大的提升。

美國鋼鐵公司過去施行的每週 7 天的工作制度，如今已被廢止。

芝加哥最大的一家銀行的總裁喬治‧M‧雷諾茲，堅持要他的職員們每週除了星期天的休息之外，另外放一天假。「工作節奏太快或是壓力太大，任何人都會受不了。如果一個人每週工作超過 5 天，無論他本人的身體還是他的工作都不會達到理想的狀態。」雷諾茲先生對我解釋這樣做的原因。

愛迪生不會僱用那些愛打高爾夫球或者有其他愛好的人擔任高級主管，那是他作為天才自有的奇怪想法。我聽說過的可

靠消息是，大家普遍相信的愛迪生每天工作 14～16 小時，甚至達到 18 小時的傳言，其實是不真實的；如果他的某位高級職員拿這條傳言跟愛迪生開玩笑的話，會很容易惹怒他。

美、英、法三國政府已經在軍隊中大力推行尊重並且保證士兵擁有適當休息時間的制度，以便他們更好地為保衛文明社會而戰。這充分說明了休息和娛樂對於工作效率的重要性。

紅十字協會和基督教青年會透過提供給軍隊各種康樂活動，在相當大的程度上提高了他們的士氣和精神狀態。這些組織造成的作用，就像又增派了一支強大的軍隊一樣。前總統羅斯福曾經說過：「軍隊打贏戰爭的第二個必要條件，是有紅十字會的援助。」

過去的軍人經常在戰爭時期參加一些放蕩的消遣活動，而不是正常的放鬆和娛樂，因為根本沒有任何組織提供後者給他們。無益的消遣使一個軍隊墮落，有益的娛樂則增加它的力量。

如今的我們都是士兵，因為我們需要打贏人生之戰。為了成功，我們需要利用一切有用的鼓勵和幫助，不能忽視任何可以增加自己的力量和必勝意志的因素。

是透過有益的休息重生自己的力量，還是放縱自己，需要每個人去選擇。

怎樣度過工作之餘的空閒時間，決定了我們在工作時期的效率高低。

在你的每個晚上、星期六下午、星期天和假期裡，是否用有益的活動武裝了自己的身體和頭腦，為人生之戰做好了準備？

你的休息有價值嗎？

每個星期一的早晨，你是否能夠達到最佳的工作狀態？

或者，休息過一段時間，你是否可以馬上完全投入工作？

凡是身體健康、有一份適合自己的職業、無論心臟還是精神都工作正常的年輕人，沒有必要沉溺於那種無益的消遣，因為他會找到學習和放鬆兼備的、幫助自己實現夢想的真正的娛樂方式。

選擇了錯誤的休息方式，比得不到足夠的休息更為有害。

關鍵在於，你的休息方式必須是有幫助的，而不是有害的；然後再區分幫助程度的不同。

頭腦的發展，需要隨時補充大量的精神營養。飢餓的大腦無法產生思想。

有益的休閒消遣活動可以恢復你的精神、增加身體的活力，讓腦細胞重新活躍起來，它們如同血液中的紅血球。

表面上，人們取得的各種成就似乎都是在工作時間創造出來的，實際上，很多成功都是由休息時間決定的。是的，就是那些遠離辦公室的時間，我們作為自己真正的主人，是充分利

用這段時間還是白白浪費，都由自己的意願決定。

有益的休閒消遣，如同正確的教育方式，對成功的影響巨大。

而且，休息方式不恰當的人，往往缺乏適當的教育。

書籍、散步、音樂、戲劇、運動、駕駛、園藝、交友、聊天 —— 充分恰當地利用這些休閒方式，可以得到充分有益的休息。

休閒消遣並不代表、也不該等同於懶惰無為。

休閒消遣應該意味著喚醒生機、展現全新的精神面貌、對人生產生更全面的掌握、吸收新的知識、用快樂之泉澆灌人的心靈。

休閒消遣是人生這條路上休息的小站，而不是生命的終點。

休閒消遣是人生這場盛宴的調味料，有了它生命才有味道。

▌二、怎樣明智地利用休閒活動

如果你打算盡最大所能完成大量的工作，就必須保持精神、神經和體能的平衡。幫助我們取得這種平衡的過程就是休息，什麼樣的休息方式更為適當也因人而異。

對於我們每個人來講，應該採取什麼樣的休息方式呢？

必須對此做出合理的計畫和打算，千萬不能草率。據說，

學校裡的小孩子們經常出現營養不良的現象，而貧困家庭的孩子只占營養不良總人數的 5%，富裕家庭的小孩是營養不良的主要人群 —— 他們沒有養成合理攝取各種營養的習慣。在精神的「食物」和「營養」方面，這個道理仍舊適用。即使一個人身體健康，也有可能患上精神的營養不良症 —— 因為他沒有明智地利用休息時間，進行有益的消遣活動。下面讓我們來看看你的情況如何。

你是否經常鍛鍊身體、呼吸新鮮空氣？

神經細胞的形成可能只需少量的訓練即可，但大塊肌肉的發展需要大量的鍛鍊。你可能知道自己是否已經得到了足夠的鍛鍊 —— 如果鍛鍊不夠的話，就應該予以補償 —— 比如搬到郊區，這樣每天就必須步行一個小時才能趕上火車，即使寒冬時節也不例外；加入高爾夫俱樂部或者基督教青年會，這樣可以每天午飯前去健身房鍛鍊一次。如果你的時間太少，無法做到這些，那麼只剩一種辦法：花錢參加昂貴的體能訓練班。他們會教你依次鍛鍊每一部分的肌肉，全身活動 20 分鐘後，進行土耳其浴、按摩和冷水浴，然後在沙發上休息 20 分鐘。每週像這樣鍛鍊上 3 個小時，可能就會使你保持健康。

但是，你究竟需要些什麼？

請寫下你的真實想法和需求，然後研究一下該怎麼辦。

制定計畫之後，你是否會馬上行動？

還有，你是否冬天也會睡在戶外的門廊上？你是否在一個窗子常年開啟的辦公室裡工作，隨時都能得到新鮮空氣？

你是否每天早晨都做深呼吸練習？

每個人都需要新鮮空氣，無論健康還是病弱。

你透過什麼方法放鬆自己的神經？

是不是因為你從事的工作是體力勞動，所以需要精神上的放鬆？

或者，你從事的是腦力勞動，因此需要透過體育運動和社交進行放鬆？

你是否得到了足夠的社交放鬆身心？或者已經社交過度了？太多和太少都不好。如果你需要社交放鬆，又找不到志趣相投的朋友，你該怎麼做？

去劇院，去教堂，加入某個俱樂部。我們可以加入一些崇尚積極進步的俱樂部，可以為他人服務，透過這種方式你肯定能得到自己需要的社交放鬆，你將驚異於自己是這麼喜歡為他人服務。

如果需要精神放鬆，你可以加入學習俱樂部或者各種才藝班，也可以參加函授課程。

如果你的社交活動太過頻繁，請每週抽出 3 個晚上的時間與外界隔絕，用這段時間讀一本好書。

　　或者，教孩子學習，與他們玩遊戲。也可以每週抽出兩到三個晚上的時間與自己的兄弟姐妹在一起。

　　不妨把每種建議寫下來，然後根據自己的實際情況進行可行性分析，把結果寫在每一條建議的旁邊。

　　人生是複雜的，有時，如果沒有各種情況作為參照，你無法準確知道自己的真實處境、真正需求，經過分析之後，列出各項的要點，你才能逐一解決。

　　「享受」這個詞的原意並不是尋找「樂子」，而是尋找更高級的趣味。透過從事精神和身體的鍛鍊活動，我們可以找到那些「營養過剩」和「營養不足」的部分，從而為欠缺不足之處補充「營養」。

　　在做這些事情的時候，你會享受到從未有過的快樂——有人認為這是一種休息，也有人認為這是一種工作，不管他們怎麼說，這才是一種真正的享受。有人喜歡做些體力活，還有人喜歡研究赫伯特・史賓賽的《第一原理》(*First Principles*)，這對他們來講都是最大的放鬆。大多數人也同樣會在戲院、教堂、俱樂部、運動場裡面找到屬於自己的享受。

　　那麼，你的個人計畫是什麼呢？

　　請寫下來。

第二十九章
讓個性散發出迷人的魅力

個性＝堅持＋熱情＋可敬＋有條不紊＋獨創＋本色＋機敏＋忠誠＋富於想像＋誠實＋朝氣。

一、個性就像花朵的芳香

個性，使一個人成為他（或她）自己，是一個人的總和。

個性即是性格 —— 一種獨有的性格。

很多人性格很好，但是缺乏個性。

個性指代的東西遠超忠誠、真摯、勤奮或者類似的品格。個性是所有這些品格之和，再加上別的東西。

個性包括一切令人愉快的、吸引人的特質，如謙和親切、誠實熱心、熱情洋溢、吸引力等。

個性並不是成為天文學家、哲學家、科學家、考古學家所必需的特質，因為這些工作無須整日和別人打交道。

如今，假設一個人想成為銀行家、公司經理、商人、鐵路主管或者生產商，他必須擁有合適的個性，因為沒有個性的魅

力，他無法吸引足夠數量的朋友，無法使生意有更大的發展，無法激發自己和別人的自信，無法得到員工的忠誠。

現在銀行家和公司主管們在用人方面，比以往更加重視應徵者的個性。

所有的生意，其實就是一種取悅他人的藝術，只有那些個性合適的男人或女人，才善於取悅他人。

過去，商界沒有對取悅大眾這個關鍵問題予以足夠的重視；現今，沒有能力取悅大眾的人坐不上商界的高位。

西奧多‧P‧尚特雖然是一位合格的鐵路經營者，但是由於缺乏個性，他不適合擔任紐約機車牽引系統的管理者，在取悅大眾方面栽了跟頭，說明他不具有合適的個性。

羅斯柴爾德家族在美國的金融領域曾經是一個呼風喚雨的大集團，但是來自這個家族的最年輕一代的美國代理人 —— 奧古斯特‧波爾蒙特，卻使羅斯柴爾德公司在美國的地位和影響日漸式微，幾乎難以為繼。他是另一個缺乏合適個性的典型。

與之相反，查爾斯‧M‧施瓦布則是透過合適的個性取得輝煌成功的著名人物，甚至連他最大的競爭對手都喜歡他，他的雇員們願意為他赴湯蹈火。施瓦布有用不完的精力、卓越的才能和極大的個人魅力，沒有人能不被他的微笑所吸引。他對個性的定義也很精準幽默：「那是種難以定義的魅力，擁有它的人就像花兒擁有了芳香。」

我曾問大通國民銀行的董事長阿爾伯特‧亨利‧維金，36歲的尤金‧V‧R‧思爾究竟有什麼樣的品質，使得他將其從波士頓請過來擔任這家銀行的總裁？維金先生立刻回答：「他的個性和成就。」顯然，個性放在成就的前面。

J‧P‧摩根曾經為亨利‧P‧戴維森的人格魅力所折服，後者當時是一家銀行的副總裁。後來，戴維森先生成為摩根銀行最大的合夥人之一。

當莎拉‧伯恩哈特（Sarah Bernhardt）還是一位面黃肌瘦、毫無魅力、默默無聞的年輕女人的時候，初次登臺的她曾經遭人嘲笑。但是後來是什麼讓她成為世界上最偉大的女演員了呢？個性——她的靈感、熱忱、同情、勇氣、對人性深刻的洞察、傳達與演繹人類情緒的高超技巧，還有永不放棄的精神。

又是什麼讓美國前總統塔夫脫成為全美最受歡迎的人呢？是他那平易近人、友善溫和的個性。

英國首相勞合‧喬治（David Lloyd George）擁有引人注目的強烈個性。當年英國貴族們對這位平民出身的貧窮律師曾經心懷不滿；但是他的心地正直、誠懇真摯，總是為他人著想，先是受到窮人的愛戴，後來終於為大多數人所敬重，成為全歐洲政治地位最高的人。

是什麼力量讓約瑟夫‧霞飛（Joseph Joffre）在訪問美國時讓美國人為之瘋狂？當然是他的個性。

　　當年輕的約翰・D・洛克斐勒決定前往科羅拉多時，他的朋友規勸他不要去，因為那時正是工人大罷工和混亂的高潮時期，朋友認為他有被謀殺的可能。是什麼使那些最粗魯的礦工和他們脾氣暴烈的妻子們也最終對洛克斐勒表示折服？他的金錢？不是，在某些人看來擁有那麼多的金錢是一種嚴重的罪過。答案是，這位年輕人具有冷靜真誠、同情他人、民主平等的個性。在他所到之處，人們放下了敵意。他就睡在一位礦工家裡，根本不需要什麼保鏢來保護他的安全。假如洛克斐勒先生是一個令人討厭、傲慢自大的人，又怎麼會有這樣的結果呢？

　　個性是我們具體形象的化身。

　　要獲得謙和親切的個性，就必須培養謙和親切的特質。

　　要讓個性散發出某種魅力，必須培養相應的特質。

　　每個人都有特定的氣質，我們和別人相遇的時候，這種氣質就讓對方留下了獨有的印象。

　　氣質並非別物，就是我們的個性以及個性與別人互動產生的效果。

　　為什麼那些大企業的主管們，絕不會不經親自面試就讓某人擔任要職？他們希望觀察和了解應徵者的個性。照片可以告訴我們一個人的外表，但從外貌上無法掌握這個人的個性。

　　個性包括許多抽象的特質，這些無形的東西不是用一臺相

機就能捕捉到的。

你可能已經聽過多次這樣的評價：「某某先生很有能力，但遺憾的是他的個性太差。」

個性絕不是表面的東西，它深深扎根在人的靈魂深處。

當我們認為一位女性「有魅力」的時候，說明她具有令人愉快的可愛個性。

陽剛之氣的「魅力」，可以稱作「個性」。

J‧M‧巴里（James Matthew Barrie）是一位生性愉快、才能出眾的劇作家，他曾經說，「每位婦女都知道」，如果女性擁有了魅力，她就不再需要別的。

如果一位男士擁有像 24K 黃金那樣閃耀的個性，他也不需要別的了 —— 這樣的個性足以使他成為一個完美的人。我們絕對不會背叛自己的個性，天生擁有的好個性決定了一個人不可能變得太差。

我們可能擁有傑出的才能、無私的天性，卻沒有培養出能夠激發別人的喜愛、仰慕和尊敬的個性。

個性或許可以定義為「一種存在於正確包裝裡面的正確性格」。

無論是在工廠、辦公室還是銀行，這個世界不缺乏受過教育的人。具備特定技術的人、擁有全方位才能的人。

　　世界上缺少的是既擁有這些技術和才能，又具備出色個性的人。

　　無論工廠、辦公室還是銀行，全世界都在尋找這樣的人。

　　所以，付出最大努力、爭取成為這樣的人，非常值得一試。

　　我的一位朋友，也是我的讀者威廉·H·蘭肯曾經設計了這樣一把「成功的鑰匙」寄給我，你會發現這些單字前面的大寫字母組成了「PERSONALITY」（個性）這個英文單字。

　　擁有個性要做到：

　　Persistent（堅持）

　　Enthusiastic（熱情）

　　Respectful（可敬）

　　Systematic（有條不紊）

　　Original（獨創）

　　Natural（本真）

　　Alert（機敏）

　　Loyal（忠誠）

　　Imaginative（富於想像）

　　Truthful（誠實）

　　Youthful（朝氣）

如果你培養出強大的個性，就有能力獲得巨大的成功。

二、怎樣發展個性的力量

個性是勇氣、樂觀、禮貌等優秀特質的混合體，但是在商業世界中，個性的所指有所不同，它意味著一種最抽象的個人特質，無法徹底說清，但是我們可以找出許多發展個性的力量的方法。

一個年輕人從學校畢業之後，曾經在一家批發紡織品的商店裡工作多年，一直領取不到 10 美元的週薪（多年以前，薪資水準遠遠低於現在的標準）。他就是弄不明白，為什麼自己和朋友都無法更進一步。

因此，當生意上的一個機會降臨的時候，他便有所行動了。他聽說有一家生產商準備從事家居用品的銷售，就抓住機會從那得到了一份週薪 10 美元的工作。原來那家商店的經理，他的前上司，把他叫到辦公室向他表示祝賀，然後給他一些非常好的建議。這位經理說：「現在你得到了一份全新的工作，就不要忘記利用這個機會，規劃一個好的開始，這對你非常重要。我建議你到裁縫那裡訂做一套價值 80 美元的套裝、一件 80 美元的大衣，以及其他相配的衣服，總共花費 200 美元左右就可以了。我知道你沒有那麼多錢，所以請把我的名片交給裁

縫，他會信任並幫助你。」這位年輕人明智地接受了這個誠懇的建議。他在新工作的開始就取得了漂亮的成功，經過多年的努力，他已經成為那家商號在整個新英格蘭地區的王牌業務員。當年那身優雅得體的衣服使他感到充滿了自信，購置衣服的債務更是讓他體會到需要馬上取得成功的緊迫感。過去他缺乏適當的個性，或者可以說是一些特定的個性因素，正是那套衣服給了他這些從未有過的東西。

請逐條寫下與你個性相關的要點，下面是一些建議性的問題供你參考，更重要的是，需要你自己去設想更多的問題，並找出答案。

你是否清楚地感覺到，人們與你初次會面時就會喜歡你？或者，也能清楚地感覺到他們不喜歡你？他們的態度是否冷漠？為什麼？

高級的服裝能否帶給你自信？如果答案是肯定的，那它們一定會改善你的個性。

你是否有一些粗俗的習慣，使得人們對你敬而遠之？這於你而言可能非常難以覺察，所以，請詢問那些與你要好的朋友或者家人，讓他們幫你指出這些缺點。採納別人意見的同時，也要注意自我觀察。

把這些不好的習慣列出來 —— 比如吃東西時不文雅的表現、說話聲音太大、缺乏禮貌、缺乏對上司的尊重等。

　　你的外表看上去是否令人憎惡？你的口氣是否難聞？你
是否可以透過對健康的增進以及對外表的修飾來改善自己的
個性？

第三十章
打好扎實的基礎

　　若想建立強健而有價值的人生，必須打好基礎。我們今天所做的全部，就是在為明天的成功打基礎。

▌一、打好基礎的時刻，就是現在

　　若想建立強健而有價值的人生，必須打好基礎。

　　龐大、高聳、令人敬畏的大廈絕不會矗立在有缺陷的地基上。

　　當然，簡陋的棚屋除外。

　　然而，又有誰甘心讓自己的人生定格為一座微小、可悲、搖晃顫抖的破棚屋？而且，只要正確地思考和行動，誰都可以建起更有價值的紀念碑。

　　打好基礎的時刻，正是現在。

　　一切成功皆有根基 —— 正如失敗也有根基，只是性質不同而已。

　　有時，建立基礎的過程要持續五年、十五年，甚至五十年

才會見到成效，才能換來最終的獎賞。

而最有價值的獎賞——一種無形的精神力量，是在辛苦建構地基的過程中隨時可以獲得的。

百分之九十的成就感和樂趣，都存在於努力建築的過程，而最後的成功，只能給你帶來百分之十的樂趣。

從各行各業最成功人士的經驗中，你會發現，他們的基礎都是歷經數年默默無聞的努力，日復一日地付出辛勞和汗水建設而成的，那個時候沒有人為他們喝采，沒有鼓勵，沒有世界的認可。

威爾遜總統在一舉成為改變歷史的重要人物之前，為了有所進取熬過了多少不眠之夜？他在擔任第一個公職之時已是55歲。

愛迪生從學會讀書寫字時起就開始了他的電學實驗；因為「精神缺陷」被學校開除；做報童的時候在火車上建立了一個簡陋的實驗室；一面幫當地火車站的站長打雜，一面日以繼夜地做實驗；多次被趕出電報公司——因為他不滿足於每日敲擊機器傳遞訊息的枯燥工作，仍然堅持測試他的發明；剛到紐約時身無分文——只有一腦袋的知識，當然也是他將來成功的基礎；他將自己數千項發明中的每一項比作一塊構成經驗大廈的基石。他說：「失敗的實驗也是有價值的，因為它可以告訴你這是一個行不通的方案，所以你必須嘗試另一個方案。」是的，愛

迪生多年的默默努力，為成功奠定了極為扎實的基礎。

白朗寧手槍的發明者亦是如此，經歷過一次世界大戰的檢驗，才能贏得同胞對其發明成果的尊敬的約翰‧M‧白朗寧（John Moses Browning），儘管他的頭髮已經灰白，但自從他在年輕時代與印第安人作戰開始，就沒有停止過對製作和改善各種槍械的研究。

以紐約時報這家美國最著名、最成功的報社為例，它能度過破產危機，從一家普通報社發展為全美的報業大廠，完全是因為其負責人阿道夫‧奧克斯（Adolph Ochs）為它建立了健康、完善、強大、有序的基礎，這座基礎完全能夠承載時間的考驗和成功的壓力。

科爾曼‧杜邦是紐約最高的摩天大樓 —— 公正大樓的主要擁有者、恆生保險公司的前任管理者、多家巨型企業的創辦者、前火藥大廠、全美最積極進取的築路者、華爾道夫-阿斯托里亞酒店和其他多家大型酒店的擁有者。這個精力充沛的傢伙的事業基礎是南方的煤礦，他從趕驢車開始，晉升到經理職位，然後一路扶搖直上，就像他說的那樣：「我總想解決新問題 —— 總是喜歡嘗試新東西，哪怕只是建造一個狗窩。」

現代美國家喻戶曉的其他商務人士又是怎樣做的呢？E‧H‧凱理，這位全球人數最多的工人大軍的總司令出生於農場家庭，在嚴厲的父母的教導下，很早就學會了許多東西。勤奮

為他打下了良好的事業之基，在農場努力工作多年後，他進入一家律師事務所，然後在芝加哥法律學院學習，被校方選為最適合於法庭工作的畢業生之一。他顯示了對法律文書和資料的非凡理解和記憶力（透過極為艱苦的學習），受到眾人的矚目與認可，二十幾歲就正式從事法律工作，成為他的家鄉——伊利諾州惠頓鎮的最傑出市民，並且在該鎮更新為城市後，當選為第一任市長。他三十幾歲就成為法官，由於一直孜孜不倦地研究各種商業法律和案例，成果卓著，所以在美國鋼鐵行業的崛起階段，被 J‧P‧摩根宣布為最適合擔任擁有上億美元資產的美國鋼鐵公司總裁的人——摩根的判斷極為準確，凱理不負眾望，夜以繼日地為這個龐大的企業奠定起最為穩固牢靠的基礎。

　　還有許多有關成功人士勤勤懇懇奠定事業之基的故事。比如阿爾伯特‧亨利‧維金的崛起、美國信孚銀行總裁蘇厄德‧普羅瑟（Seward Prosser）、美國糖業公司總裁厄爾‧D‧巴伯斯特、歐文‧T‧布希；自由國民銀行總裁哈維‧D‧吉布森（Harvey Dow Gibson）、國民城市集團總裁查爾斯‧E‧米切爾、銀行家也是後來的華盛頓軍械部門負責人的薩繆爾‧麥克羅伯茨（Samuel McRoberts）、公用事業組織的建立人和發展者亨利‧L‧達赫蒂、以斯塔德勒酒店聞名的 E‧M‧斯塔德勒、美國散熱器公司總裁克萊倫斯‧M‧伍利（Clarence Wooley），還有許多成功人士，以他們的成就而言，應該得到更高的知名度。

　　一條新建的道路，可能看上去平坦、堅固、漂亮，但是如果它的基礎打得不好，經過交通高峰階段之後，就會很快分崩離析。

　　最重要的部分往往存在於事物的內部，而不是表面。內部的東西我們是無法看到的。

　　當最後測驗的那一刻來臨，測驗的成績通常取決於平時的累積和日常的準備，取決於受測者的個性和能力。

　　準備測試的時間並不是測試前一天或者前一小時，而是測試之前的十數年甚至數十年就開始為這一戰做準備了。

　　狂怒的暴風雨將船隻的命運玩弄於風口浪尖之上，巨人般的波浪把船上的水手拋向天空。這時，大家可能更加寄希望於當時的造船工能夠把船造得結結實實，船體沒有各種腐爛的洞眼，或者隱藏的裂縫；更加寄希望於那些明顯的桅桿和船柱在鋼廠錘鍊之時不要留下任何瑕疵或者缺陷；更加寄希望於關鍵部位的鉚釘和螺絲，不要突然間鬆動；而不是把太多希望寄託在船長的航海技術上面。因為船隻以及船員的生死存亡，早就掌握在某個造船人的手上了。

　　狂風暴雨最能檢驗船隻的基礎，對準它的弱點無情攻擊，造船工的技藝高低一覽無餘。

　　德國試圖統治全世界而發動戰爭，但是它完全站立在錯誤的基礎上 —— 它想建立一個殘暴、獨裁、專制、野蠻、血腥、

獸性的政體：基於強權而非公理；提倡奴役而非服務；依靠暴力而非自由；追求征服而非和平。正義必定戰勝邪惡，這樣惡毒的陰謀注定破產。

美國則建國於完全不同的基礎之上，它的立國原則也與前者截然不同。

一個代表全人類利益和正義的國家，必須建立在維護持久的世界和平的基礎之上。這一基礎就像深厚堅固的岩床，永遠作為人類各項原則和利益的立身之基。

「事情只有做對才算做成功。」德國喜歡用「我們的強大的劍」來做成事情，就像他們過去的皇帝經常宣稱的那樣。德國的劍攻擊的目標是仁慈寬容，是人道主義，是公平正義；而美國及其同盟國的劍，就是為了消滅殘酷、暴虐、專制而準備的。我們的崇高目標過去是、現在也是「為了世界的和平與民主而戰」，這意味著你和我，以及其他所有的人都將自由地生活，奉行謙遜、公平、正直的行為準則。

真理永遠與每個國家、每個人同在。

個人的生活和事業，應該建立在誠實、勤勉、犧牲、真理、禮貌、自律、機敏、熱情、忠誠地待人待己、節儉、真摯、堅定 —— 尤其是常識 —— 的基礎上。

我們今天所做的全部，就是在為明天打基礎。

我們做的事情有好有壞、有堅固有疏漏、有持久有脆弱，

它們都將構成未來的根基。

每個行動都將經受未來的檢驗。

一隻蛀蟲看上去是極為微不足道的生物，但是經過日積月累、歲月沉澱，哪怕僅有一隻這樣的小害蟲，也會使最堅固的航船傾覆。

我們的每個想法和行動，看起來也同樣的微不足道，但無數的想法和行動累積起來，可以構築高聳矗立的人生大廈。

當下的時刻，我們又在做什麼，為明日建立著怎樣的基礎呢？未來的我們，會不會承擔今日作為的後果，變得更加堅強，或者更加軟弱？

二、個人成功基礎的自我檢查

各位讀者，我們現在來到了個人效能課程的尾聲部分 —— 對個人成功基礎的每個組成部分進行檢查。讓我們回到第一課，逐步檢視每個系列的要點。

一個人無論年輕還是年老，他的個人根基是很早就開始奠定了的，各種性格和習慣就好像不同的石頭，按照一定的分類和次序堆砌在適當的位置，但是並不代表這些石頭不能被更好的石頭所取代。你應該想像得出把一塊砌進石牆中的石頭拿出

來是多麼艱難：這是一個漫長、困難而辛苦的過程。首先要找東西把石牆暫時支撐起來，慢慢鬆動那些已經變硬的砂漿（固定各種習慣的「砂漿」），當該做的都做完之後，你還要必須保證放進去的那塊新石頭造成的作用能夠完全勝過舊石頭，而且不能脫離它四周的石頭的支持。

人無完人，改掉所有缺點的想法既不現實，也不值得去做。就像石牆一樣，砌得比較好的部分，只需用石灰泥漿抹平表面，打扮裝點一番即可；而少數已經鬆散搖晃的牆體，則需要完全清除掉，因為它們已是滿身的破洞和致命的結構缺陷。

首先，請認真思考一下，你生命中哪一部分的「石牆」上面存在破碎的「石塊」和致命的缺陷，會導致你無法成功？把它們寫下來，用重重的叉形符號標出。

你制定了什麼樣的計畫修補這些「牆體」？把具體細節用簡潔但真誠、符合常識的句子標註在各項要點的旁邊，然後，認真執行這些計畫，把你身上不好的性格和習慣 —— 那些腐爛的基石 —— 完全清除出去。

接著，把你認為尚待改進的部分寫到清單中，標上單獨的記號。

你受過的教育是否存在不足之處？活到老、學到老 —— 請系統性地或者細節性地修復那些曾被忽視的教育缺陷。

你是否記憶力不佳？不用擔心自己的年齡，透過科學的訓

練，一定能獲得良好的記憶力。

你的舉止習慣是否粗魯無禮？它們可以被打碎或者軟化，變成全新的、令人愉快和振奮的好習慣。

你在從事商業行為時是否太過獨斷而且一意孤行？放心，即使到了 50 歲，你照樣可以從頭開始學習怎樣融入團隊、與他人合作。

你的判斷力比較糟糕？請馬上養成經常徵求那些判斷力比你強的人的意見的習慣。

交友失敗？一個人在任何年齡，只要勇敢尋求，就一定能找到真正的朋友。首先從那些比你貧弱、你又可以幫到他們的人開始，真心地付出你的幫助，贏得別人的友情，他們的力量逐漸強大之後也會幫助你。

你是否一直過度工作？身體和精神得不到休養？請慎重地選擇各種休閒娛樂活動，因為有益的消遣既是走向成功的潤滑劑，也是生活價值的展現。想必你已經列出活動清單了，那就好好研究一下吧。

「藝海無涯，光陰易逝。」── 你不可能什麼事都做，也不應該因此沮喪。你必須選擇一件首先去做的事情，確保它在你的全面掌握之中，然後再完成下一件事。如果生命短暫，而你的興趣太多，無法完成所有想做的事，那麼請從常識的角度，選出那些最具備重要性、可操作性和實踐性的事情首先去做，

把不太重要的留在後面。

　　現在，我的朋友，我要說的已經說完了。願上帝保佑你、幫助你！不要傷感，不要沉溺於沮喪懊悔之中，振奮起來，投入工作吧！

電子書購買

爽讀 APP

國家圖書館出版品預行編目資料

富比士效率論！效率之上，成功之下：策略 ×
行動 × 反思，生命長短在於效率，富比士的全
方位成功模式 / [美] 伯蒂‧查爾斯‧富比士（B.
C. Forbes）著，閻偉萍 譯 . -- 第一版 . -- 臺北
市 : 財經錢線文化事業有限公司 , 2024.05
面； 公分
POD 版
譯自：Keys to success : personal efficiency
ISBN 978-957-680-879-1(平裝)
1.CST: 成功法
177.2 113005412

富比士效率論！效率之上，成功之下：策略 × 行動 × 反思，生命長短在於效率，富比士的全方位成功模式

臉書

作　　者：[美] 伯蒂‧查爾斯‧富比士（B. C. Forbes）

翻　　譯：閻偉萍

發 行 人：黃振庭

出 版 者：財經錢線文化事業有限公司

發 行 者：財經錢線文化事業有限公司

E - m a i l：sonbookservice@gmail.com

粉 絲 頁：https://www.facebook.com/sonbookss/

網　　址：https://sonbook.net/

地　　址：台北市中正區重慶南路一段六十一號八樓 815 室

Rm. 815, 8F., No.61, Sec. 1, Chongqing S. Rd., Zhongzheng Dist., Taipei City 100, Taiwan

電　　話：(02) 2370-3310　　　傳　　真：(02) 2388-1990

印　　刷：京峯數位服務有限公司

律師顧問：廣華律師事務所 張珮琦律師

定　　價：375 元

發行日期：2024 年 05 月第一版

◎本書以 POD 印製

獨家贈品

親愛的讀者歡迎您選購到您喜愛的書，為了感謝您，我們提供了一份禮品，爽讀 app 的電子書無償使用三個月，近萬本書免費提供您享受閱讀的樂趣。

ios 系統　　　　　安卓系統　　　　　讀者贈品

請先依照自己的手機型號掃描安裝 APP 註冊，再掃描「讀者贈品」，複製優惠碼至 APP 內兌換

優惠碼（兌換期限 2025/12/30）
READERKUTRA86NWK

爽讀 APP

📖 多元書種、萬卷書籍，電子書飽讀服務引領閱讀新浪潮！

🎧 AI 語音助您閱讀，萬本好書任您挑選

🔍 領取限時優惠碼，三個月沉浸在書海中

📚 固定月費無限暢讀，輕鬆打造專屬閱讀時光

不用留下個人資料，只需行動電話認證，不會有任何騷擾或詐騙電話。